Ute Wilhelmsen

Ebbe und Flut

Die treibenden Kräfte an unseren Küsten

Verlag Boyens & Co.

Meinen Eltern gewidmet

ISBN 3-8042-0797-9

3. Auflage 2003

Inhalt

Astronomisches Kräftemessen – wie Ebbe und Flut entstehen

Sturm am ersten Urlaubstag, die Nordsee wogt, schaumgekrönte Brecher rollen über den Strand, Gischt spritzt über die Kaimauer. Nicht gerade Badewetter, dafür aber ein eindrucksvolles Spektakel mächtiger Naturgewalten – schwach ist der Mensch, der dick eingemummelt und schräg gegen den Wind gestemmt die Uferpromenade entlangstapft . . .

Gegenüber den sturmgepeitschten Wogen sind die Gezeitenwellen, die zweimal täglich das Wattenmeer an der Nordseeküste überfluten und wieder freilegen, eher unscheinbar. Zumindest an einem windstillen Tag auf dem Deich: Sieht man das Meer gegen die Steine plätschern, dann ist Hochwasser. Sieht man es nicht, dann ist Ebbe. Doch der buchstäblich oberflächliche Eindruck trügt: Der Wind bewegt lediglich die oberen Schichten des Meeres und wirkt außerdem nur regional – während an der Nordseeküste eine steife Brise weht, braucht sich am Mittelmeer kein Lüftchen zu regen. Dagegen reichen die gezeitenerzeugenden Kräfte bis in die größten Tiefen des gesamten Weltozeans, der immerhin dreiviertel der Oberfläche unseres „blauen Planeten" bedeckt. Wahrhaft astronomische Dimensionen haben daher auch die Kräfte, die zur Ebbezeit gigantische Wassermassen von den Küsten abziehen und mit dem Flutstrom wieder auf sie loslassen. Das wirkende Prinzip hat man schon früh erkannt:

„Mond und Sonne ziehen die Gewässer nach sich"
(Plinius der Ältere, „Naturalis historia", um 47 n. Chr.)

Heute formuliert man es komplizierter:
„Gezeiten, *Massenbewegungen der Atmosphäre, des Erdkörpers und bes. auffallend, des Meeres, die verursacht werden durch das Zusammenwirken von Schwer- und Fliehkräften, die bei der Bewegung des Mondes um die Erde und bei der Bewegung der Erde um die Sonne entstehen. "*
(Meyers Lexikon 1990)

Ebbe und Flut formen das kunstvolle Relief des Wattenmeeres. Zweimal täglich zieht sich das Nordseewasser von der Küste zurück und legt ausgedehnte Wattflächen und Außensände frei. Bei Flut verschwindet diese malerische Naturlandschaft wieder unter den Nordseewogen.

Nicht nur der Ozean ist mondsüchtig

Während die gegenseitige Anziehung Erde und Mond zu vereinen sucht, treiben sie die Fliehkräfte aus der gemeinsamen Drehbewegung auseinander. Die Mondumlaufbahn verläuft dort, wo sich beide Kräfte die Waage halten. Auf der mondzugewandten Seite der Erde überwiegt die Anziehungskraft des Mondes. Daher wölben sich ihm die ozeanischen Wassermassen als „Flutberg" entgegen, der immerhin einen halben Meter hoch ist. Auf der mondabgewandten Seite der Erde dagegen überwiegt die Fliehkraft und erzeugt dort ebenfalls einen Flutberg. Doch wirken Anziehungs- und Fliehkraft nicht nur auf die beweglichen Wassermassen der Ozeane – hier lassen sich Ebbe und Flut lediglich am deutlichsten beobachten. Die Lufthülle der Erde bauscht sich im Gezeitenrhythmus kilometerweit auf und selbst die Erdkruste wird ein wenig verformt.

Auch die Sonne zieht die Ozeane an. Sie ist zwar viel schwerer als der Mond, aber auch wesentlich weiter ent-

Keine Handbreit Wasser mehr unter dem Kiel – bei Niedrigwasser liegen die Schiffe am Husumer Anleger auf dem Trockenen. Kommt die Flut, schwimmen sie wieder in ihrem Element.

Damit die Flut nicht in die Türen schwappt, sind die Strandhäuser von St. Peter-Ording auf Stelzen gebaut. Auch das Auto sollte man bei Sturmwarnung lieber nicht auf dem Strandparkplatz abstellen.

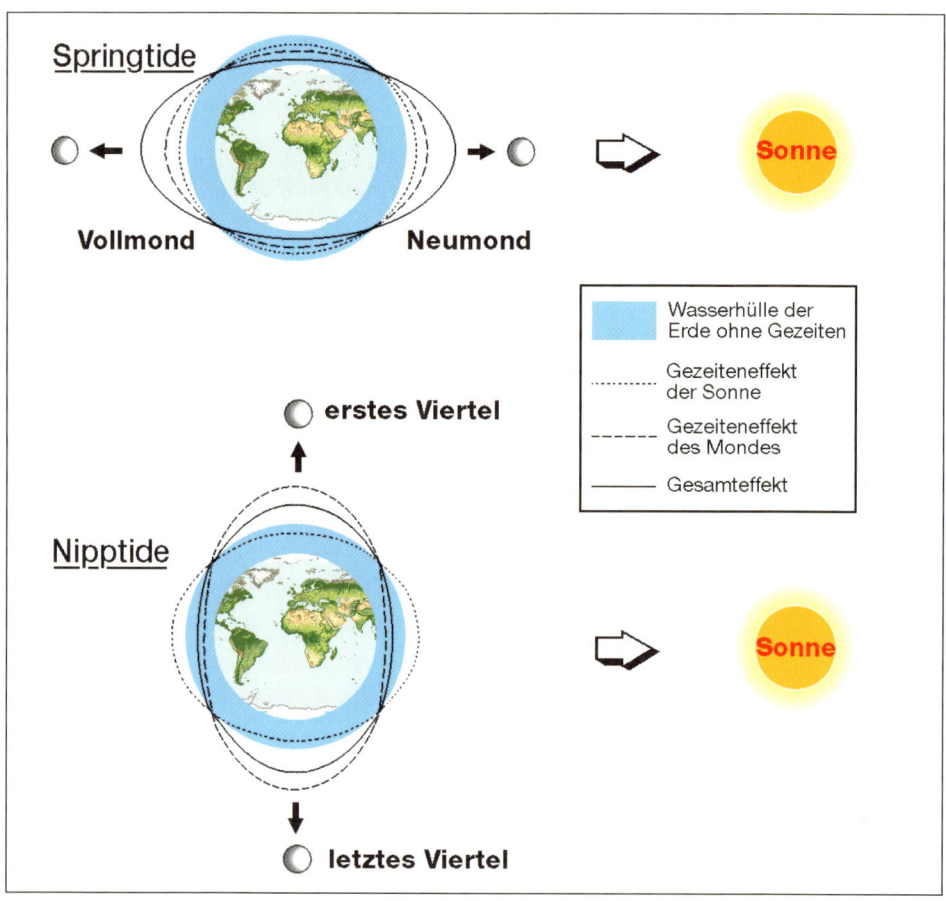

fernt, so daß ihre Gezeitenkräfte nur einen Bruchteil so stark wirken wie jene des Mondes. Stehen Sonne und Mond in einer Richtung, also zu Neu- und Vollmond, so summieren sich ihre Anziehungskräfte. Es kommt zu Springtiden. Der Flutberg läuft besonders hoch auf und das Ebbetal wird besonders niedrig. Steht jedoch bei Halbmond die Sonne senkrecht zur Achse Erde-Mond, verflachen die Gezeitenwellen zur Nipptide. Flutberge und Ebbetäler bleiben flach, das Hochwasser nippt nur am Deich.

Unter den beiden Flutbergen auf der mondzu- und abgewandten Erdseite wandert die Erde während ihrer täglichen

Wie Ebbe und Flut entstehen: Sonne und Mond üben Anziehungskräfte auf die Wasserhülle der Erde aus. Dabei geht die stärkere Wirkung vom Mond aus. Eine Flutwelle entsteht durch die Anziehungskraft auf der mondzugewandten Seite der Erde, eine zweite durch die Fliehkraft auf der mondabgewandten Seite. Steht die Sonne bei Neu- oder Vollmond in der gleichen Richtung, verstärkt sie die Mondwirkung und die Flutberge laufen besonders hoch auf (Springtide).

Bilden Mond und Sonne bei Halbmondphasen einen rechten Winkel zueinander, so schwächen sie sich gegenseitig ab und die Flutberge bleiben klein (Nipptide).

Drehung um die eigene Achse. Jeder Punkt dreht daher zweimal pro Tag in einen Flutberg und zweimal in ein Ebbetal hinein. Dieses einfache Schema stören allerdings die großen Kontinente mit ihrer beachtlichen Nord-Südausdehnung. In Wirklichkeit laufen die Gezeitenwellen komplizierte Wege innerhalb der Ozeanbecken. Die großen Flutwellensysteme ergießen sich auch in die relativ flachen Küstengewässer. Hier wachsen die auf hoher See sehr schwachen Gezeitenströmungen bis auf einen Meter pro Sekunde und mehr an. In Buchten kommt es zum Stau – der einströmenden Flut bleibt kein anderer Weg offen als der nach oben. Den Höhenrekord hält die Fundy Bay an der Ostküste von Kanada, wo die Flut zweimal am Tag um mehr als zwölf Meter gen Himmel steigt. Bei Springflut beträgt der Tidenhub, also der Höhenunterschied zwischen Hoch- und Niedrigwasser, sogar über zwanzig Meter.

Genutzt wird die gewaltige Strömungsenergie in einem Gezeitenkraftwerk an der Mündung der Rance in Nordfrankreich. Dort riegelt ein Damm die Gezeitenmündung des Flusses ab. In Tunneln unter der Wasserlinie angebrachte Turbinen werden durch die Strömungskraft von Ebbe und Flut angetrieben und treiben ihrerseits Generatoren an – elektrische Energie aus astronomischen Kräften.

Die Nordsee schwappt nur mit

Auch wenn es beachtliche 575 000 Quadratkilometer umfaßt – im Vergleich zum Atlantik ist das Nordseebecken klein, zu klein für eigene Gezeiten. Daß trotzdem zweimal täglich die Flut an die deutsche Nordseeküste rollt und bei Ebbe kilometerbreit Sand und Schlick freifallen, liegt an Fernwirkungen aus dem offenen Atlantik. Von dort schwingt die Gezeitenwelle durch den weiten nördlichen Zugang zwischen Schottland und Norwegen in die Nordsee, nimmt ihren Weg entlang der Britischen Ostküste und erreicht die Deutsche Nordseeküste bei Borkum. Weiter läuft sie in östlicher Richtung durch die Deutsche Bucht zu den Nordfriesischen Inseln und nach Dänemark. In die Ostsee dagegen schwingt die atlantische Gezeitenwelle kaum hinein, weil der Zugang durch das Skagerrak und Kattegat zu schmal ist. In Grömitz oder Travemünde läuft daher dem Sonnenanbeter weder die ansteigende Flut über den Sandburgrand, noch muß er für einen Sprung ins kühle Naß dem ablaufenden Wasser hinterhereilen. Allerdings gibt es auch keine Gelegenheit bei Ebbe auf dem Meeresboden spazierenzugehen, die Weite der Wattenlandschaft und den Schlick unter den Fußsohlen zu genießen.

In der Deutschen Bucht geht es hoch her

An den Höhenrekord der kanadischen Fundy Bay reicht die Deutsche Bucht zwar nicht heran, aber aber auch hier sinkt und steigt das Wasser zweimal täglich um zwei bis drei Meter, bei Springflut bis zu vier Meter. In den verengten Flußmündungen von Ems, Weser und Elbe beträgt der Tidenhub durchweg mehr als drei Meter.

Der Flutstrom fließt nördlich der Wattenmeer-Inseln etwa von Westen nach Osten. Der etwas weniger starke Ebbestrom verläuft in entgegengesetzter Richtung. In den großen Gezeitenrinnen erreichen die Strömungen immerhin ein flottes Fußgängertempo von anderthalb Metern pro Sekunde. Auf den Wattflächen fließt das Wasser langsamer, etwa einen halben Meter pro Sekunde. Aber auch dieses Tempo reicht aus, um Wattwanderern unerwartet schnell nasse Füße zu bescheren. Wenn Wind und Seegang die

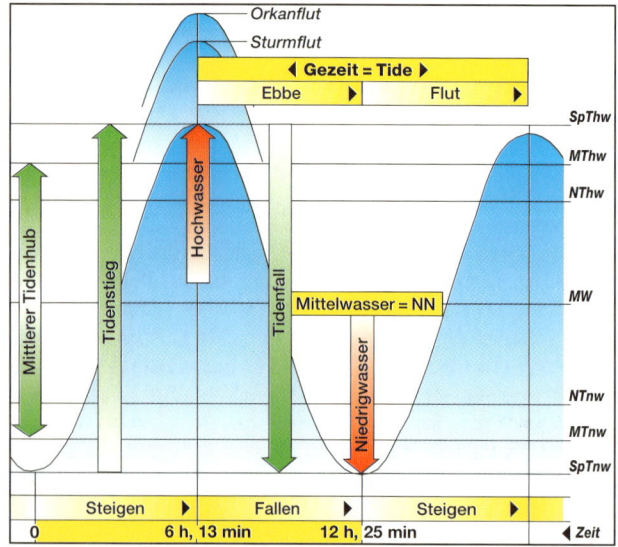

Ein Gezeitenzyklus besteht aus einer Ebbephase, die mit dem Niedrigwasser endet und einer Flutphase, die mit dem Hochwasser endet. Er dauert 12 Stunden und 25 Minuten.

SpThw = Springtidenhochwasser
MThw = Mittleres Tidenhochwasser
NThw = Nipptidenhochwasser
MW = Mittelwasser
NTnw = Nipptidenniedrigwasser
MTnw = Mittleres Tidenniedrigwasser
SpTnw = Springtidenniedrigwasser

Bei Niedrigwasser umsäumen weite Wattflächen die Hallig Süderoog vor der schleswig-holsteinischen Küste. Kaum zu glauben, daß bei schweren Sturmfluten nur noch die auf einem Warfthügel gebauten Gebäude aus den Wogen der Nordsee ragen.

Strömungen verstärken, wird außerdem Sand verschoben und Schlick aufgewirbelt, Priele verlagern sich und sogar ganze Inseln „wandern".

Ein Timer ist unentbehrlich

Zwar gehört ein Terminplaner auf keinen Fall ins Urlaubsgepäck, doch wer das Gezeitengeschehen an der Nordseeküste überblicken will, braucht einen Tidenkalender. Darin verzeichnet das Bundesamt für Seeschiffahrt und Hydrographie für jeden Tag eines Jahres die Eintrittszeiten von Hoch- und Niedrigwasser. Die ändern sich täglich, denn ein Gezeitenzyklus dauert rund 12 Stunden und 25 Minuten. Also verspätet sich das Hochwasser von Tag zu Tag um etwa 50 Minuten. Schuld an dieser Verzögerung ist der Mond: Während sich die Erde einmal dreht, legt auch der Mond ein Stückchen seiner 28-Tage-Reise um die Welt zurück. Jeden Tag trifft er etwas später ein, knapp 52 Minuten, den 28sten Teil eines Tages. Und da die Tidenuhr nach dem Mond geht, verspäten sich auch die Flutberge.

Außerdem verlaufen Ebbe und Flut in jedem Küstenort anders. Weil die Deutsche Bucht von der Gezeitenwelle gegen den Uhrzeigersinn durchlaufen wird, trifft das Hochwasser in Büsum erst eindreiviertel Stunden später ein als in Borkum. An der Nordspitze von Sylt kommt das Hochwasser nochmal knapp zwei Stunden später an.

Sturm + Flut = Sturmflut

Der tatsächlich eingetretene Gezeitenwasserstand stimmt oft nicht mit dem vorausberechneten überein. Schuld daran sind Wind und Wetter, deren Launen sich bekanntlich nicht langfristig vorhersagen lassen. Winde sind Luftströmungen und entstehen dort, wo Temperatur- und Luftdruckgegensätze in der Atmosphäre auftreten. Sind diese nur schwach, weht eine leichte Brise, im Extremfall aber tobt ein Orkan.

Der Wind schiebt das oberflächennahe Nordseewasser vor sich her und erzeugt dadurch Strömungen. Sind diese auf die Küste oder gar in eine Bucht gerichtet, steigt dort das Wasser. Als Faustregel gilt: je stärker der Sturm aus Nordwest, desto höher der Wasserstand an der Deutschen Nordseeküste. Von einer Sturmflut spricht man, wenn der Wind den Wasserspiegel an der Küste anderthalb Meter und mehr über den mittleren Hochwasserstand hinaufdrückt. Bei andauerndem Sturm läuft das Wasser auch nach dem Tidenhochwasser nicht richtig ab, so daß sich der nächste Flutberg noch höher den Deich hinaufschiebt.

Seit dem Mittelalter sind die schweren Orkanfluten dokumentiert, die in grob hundertjährigen Abständen gegen unsere Küsten brandeten. Damals waren die Auswirkungen verheerend, heute schützen wehrhafte Deiche und ein ausgeklügeltes Sturmflutwach- und warnsystem die Menschen an der Küste.

Julianenflut, 17. Februar 1164
Erste Sturmflut nach dem Bau von Deichen. Schwere Verwüstungen in Nordfriesland. Chroniken berichten von 20 000 Toten. Einbrüche leiten die Entstehung des Jadebusens ein.

Ein Sturmwirbel über England bewegt sich auf unsere Küste zu.

„Landunter" auf der
Hallig Hooge.

Erste Marcellusflut, 16. Januar 1219
Trifft vor allem die Küste von Friesland bis Holland, 36 000 Menschen ertrinken, die gesamte Marsch wird überflutet.

Luciaflut, 14. Dezember 1287
„Landunter" an der gesamten Nordseeküste. In Berichten ist von über 50 000 Opfern die Rede. Einbrüche bei der Emsmündung leiten die Entstehung des Dollart ein.

Zweite Marcellusflut, 16. Januar 1362
Folgenschwerste Flut an der Deutschen Nordseeküste. Der Dollart bricht ein, die Zuiderzee und die Leybucht werden in das Land gerissen. Der Jadebusen klafft in riesiger Ausdehnung mit einzelnen Wasserarmen bis zur Weser. In Nordfriesland versinkt Rungholt, der sagenumwobene Hauptort Nordfrieslands im Mittelalter. Berichte über 100 000 bis 200 000 Tote.

„Im Anfang dieses Jahres, im Januar, am Marcellustage, wütete eine Sturmflut derart, wie man es später kaum glau-

Ein Deichbruch und seine Folgen. Stich von Hans Martin Winterstein, 1675

ben wird und wie man es früher nie gehört hat. Kirchen, Türme, Häuser und Deiche wurden umgerissen und eine unendliche Menge Volks ertrank."
(Heda, Chronicon Nordanum)

Elisabethflut, 18. November 1421
Schwerpunkte sind Ostengland und die Niederlande. Etwa 10 000 Tote. Veränderungen in den Mündungsgebieten von Maas, Schelde und Rhein.

Allerheiligenflut, 2. November 1532
Viele Deichbrüche, besonders an der Küste Schleswig-Holsteins. Insel Nordstrand überschwemmt, laut Chroniken 1500 Tote. In Eiderstedt ertrinken 1100 Menschen.

Allerheiligenflut, 1. November 1570
Überschwemmungen an weiten Teilen der Nordseeküste,
mehrere tausend Menschen ertrinken.

Oktoberflut, 11. 10. 1634
Vor allem Nordfriesland betroffen. Die gut 22 000 Hektar
große Marschinsel Alt-Nordstrand wird zerrissen, als
Restinseln entstehen Pellworm, das neue Nordstrand und
die Hallig Nordstrandischmoor. Insgesamt fordert die Flut
fast 10 000 Menschenleben.

Weihnachtsflut, 24. Dezember 1717
Schwere Deichschäden, Verwüstungen und Überschwemmungen vor allem auf den Friesischen Inseln. Durchbrüche
auf Juist, Baltrum, Langeoog, Spiekeroog. 12 000 Tote.

Februarflut, 3.–4. 2. 1825
Schwerste Sturmflut des 19. Jahrhunderts, höchster bis
dahin bekannter Wasserstand. Betroffen waren die Küsten
von den Niederlanden bis Jütland. Schwere Schäden auf
den Inseln Nordstrand, Pellworm, Föhr und auf den Halligen. Auf Sylt werden vom Roten Kliff zwanzig Meter, an den
Dünen etwa vierzig Meter fortgerissen. In Dänemark bricht
die Flut bis zum Limfjord durch, der nördliche Teil Jütlands
wird zur Insel. Insgesamt ertrinken 800 Menschen.

Hollandflut, 1. Februar 1953
Vor allem die Niederländische Nordseeküste betroffen.
Viele Deichbrüche in Zeeland, Brabant und Zuidholland.
150 000 Hektar fruchtbares Land überflutet. 72 000 Menschen werden evakuiert, 1800 kommen um. In England ertrinken 300 Menschen in der Themse.

Hamburg-Sturmflut 16.–17. Februar 1962
Gesamte Deutsche Nordseeküste betroffen. Auf fast allen
Ostfriesischen Inseln Deich- und Dünenbrüche. In Hamburg
und Bremen dringt das Wasser bis in die Innenstadt vor.
315 Menschen kommen in Hamburg um, die Deiche brechen an sechzig Stellen.
*„Verschlammte Straßen, zusammengebrochene Sied-
lungshäuser, völlig zertrümmerte Lauben, unterspülte
Brücken, wie von Geisterhand übereinandergestapelte und
demolierte Personenwagen sowie riesige Wasserflächen –
die Männer der Technischen Nothilfe stehen bis zur Brust im*

Helfer sichern die während der Sturmflutkatastrophe des Jahres 1962 zerstörte Innenböschung eines Deiches in Eiderstedt.

Wasser. Mit Brecheisen schlagen sie die Türen von kleinen Häusern ein. Von innen verschlossen heißt für sie: hier war der Tod schneller als die Menschen, die vor der Flut fliehen wollten."
(Bericht (dpa) aus einer Tageszeitung über den Hamburger Stadtteil Wilhelmsburg)

„Und wir erkennen, oft im Zorn und nicht immer in Demut, daß die Kräfte des Menschengeistes, der Technik und aller Zivilisation nicht ausreichen, um die Wildheit der Natur zu bändigen."
(Hamburgs Bürgermeister Dr. Paul Nevermann, Trauerfeier für 315 Tote, 1962)

Erste Januarflut, 3. 1. 1976;
Zweite Januarflut, 21. 1. 1976
Östlich der Weser bisher höchste Sturmfluten an der Deutschen Nordseeküste. Deichbrüche in Schleswig-Holstein. Beiderseits der Elbe Tausende Hektar Land überschwemmt. In Dänemark werden die Städte Tondern und Ribe evakuiert.

Novemberflut, 24. 11. 1981
Auf den Dänischen Inseln Rømø und Mandø brechen die
Deiche. Schwere Schäden auf Sylt und am Hindenburg-
damm. Insgesamt werden rund zwei Millionen Kubikmeter
Sand von der Insel weggeschwemmt.

„Orkankette" 26.–28. Februar 1990
Bisher größte bekannte, unmittelbare Aufeinanderfolge
schwerer Fluten (Sturm- bis Orkanfluten). Weitere Landver-
luste am Westrand von Sylt.

Bewegte Landschaft – wie die Gezeiten die Küste gestalten

Konturgenau läßt sich die Grenze zwischen Waterkant und
Festland mit dem Finger auf der Landkarte nachziehen.
Doch was der Atlas zeigt, ist bestenfalls ein Schnappschuß
aus dem Bilderband der Jahrtausende. Strömungen und
Stürme formen fortwährend am Relief der Küste, mal langsam und stetig, mal schlagartig schnell wie die schweren
Sturmfluten des Mittelalters, die gewaltige Kerben in den
damaligen Festlandsaum schlugen. Besonders markant ist
der Jadebusen an der Ostfriesischen Küste: Im 12. Jahrhundert brachen die Nordseewogen in das Gebiet der Jade
ein und räumten im Verlauf von mehreren verheerenden
Sturmfluten die weichen Tone und Torfe der küstennahen
Hochmoore aus. Bis tief ins Hinterland drang das Wasser
und formte den Jadebusen, der in seiner größten Ausdehnung sogar einen offenen Durchbruch zur Weser hatte.
   Von den damals an der ganzen Küste verbreiteten Hoch-
mooren ist heute nur noch ein Bruchstück erhalten – am
Ostufer des Jadebusens bei Sehstedt. Noch heute kann
man dort beobachten, wie die einstigen Küstenmoore den
Angriffen den Meeres zu widerstehen versuchten: Der
obenliegende Hochmoortorf schwimmt bei hohen Wasser-

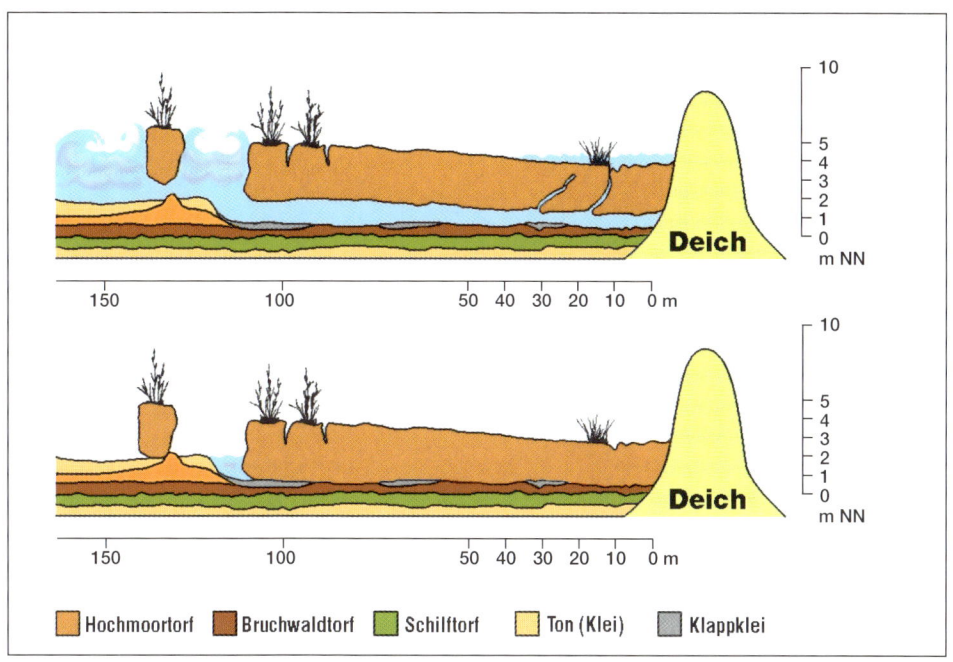

Hochmoortorf Bruchwaldtorf Schilftorf Ton (Klei) Klappklei

Das schwimmende Außendeichsmoor von Sehstedt: Bei extremen Sturmfluten klappt das Moor seeseitig auf und schwimmt auf dem heranbrandenden Nordseewasser. Das vorher vom Sturm gepeitschte Wasser kommt unter dem Torf plötzlich zur Ruhe und verliert seine Transportkraft. Die mitgeführten Schwebstoffe sinken ab und in dem Spalt bildet sich eine dünne Lage von Klei, wie man in Friesland den Ton bezeichnet. Dieser sogenannte Klappklei bleibt zurück, wenn sich das Moor nach dem Abklingen der Sturmflut wieder in seine alte Position setzt.

ständen auf der einströmenden Flut, statt von der Wucht der Wogen zerstört und weggespült zu werden. Nach dem Motto „Flexibilität statt überflüssige Starrheit" hat sich das Moor von Sehstedt bis heute behauptet. Allerdings zerren die enormen Kräfte der Fluten manchmal so sehr an dem schwimmenden Außendeichsmoor, daß es auch an der Oberfläche reißt und einzelne Moorstücke sogar mit Bäumen darauf verdriftet werden.

Der Tidenhub als Baumeister

Doch nicht nur die sturmgepeitschten Jahrhundertfluten, sondern der ganz alltägliche Wechsel von Ebbe und Flut hat die heutige Form der Nordseeküste geprägt. Die gestaltende Kraft ist der Tidenhub, der Höhenunterschied zwischen Hoch- und Niedrigwasser. Wo er fehlt oder nur gering ist, haben sich geradlinige Dünenküsten gebildet wie an Teilen der Dänischen und der Niederländischen Küste. Wo je-

Entlang der Ostfriesischen Küste erstreckt sich eine Kette von Düneninseln, die jeweils durch Seegats voneinander getrennt sind. Im Vordergrund liegt Wangerooge, dahinter schließt sich Spiekeroog an. Zwischen Inselkette und Festlandküste liegt das Wattenmeer (links), das über die Seegats und die sich verzweigenden Priele im Gezeitenrhythmus von Salzwasser überflutet wird und wieder trockenfällt.

doch der Tidenhub anderthalb Meter übersteigt, werden die Gezeitenströme so stark, daß sich kein geschlossener Küstensaum mehr ausbilden kann. Statt dessen entstand das Wattenmeer mit seiner vorgelagerten Insel-Barriere. Zwischen den Inseln verlaufen tiefe Rinnen, sogenannte Seegats, durch welche die Gezeiten ein- und ausströmen können. Die Größe der Inseln nimmt in Richtung auf die innere Deutsche Bucht hin ab. Wo der mittlere Tidenhub die Grenzmarke von zwei Meter neunzig überschreitet, fehlt die Inselbarriere. Stattdessen liegen im Bereich der Weser- und Elbemündung offene Wattflächen mit kleinen und durch die starken Gezeitenströme beweglichen Inseln und Sandbänken.

Vor unseren Küsten erstreckt sich die größte zusammenhängende Wattenlandschaft der Erde. Sie reicht vom holländischen Den Helder entlang der Ost- und Nordfriesischen Küste bis zum dänischen Esbjerg. Um Inseln, Sandbänke, Strände, Watten und Salzwiesen entlang der Nord-

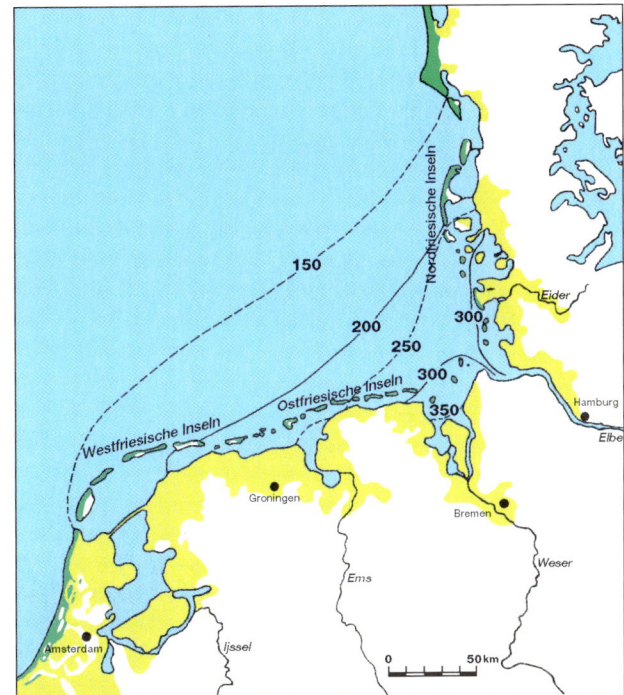

Linien des gleichen mittleren Tidenhubs in der südlichen Nordsee. Am größten ist der Tidenhub in der inneren deutschen Bucht an den Flußmündungen von Elbe und Weser, weil sich dort das heranflutende Wasser aufstaut.

seeküste aufzuschichten, mußten einige Voraussetzungen erfüllt sein:
- Der Tidenhub muß größer sein als ein Meter fünfzig, damit die Gezeitenströme stark genug sind, um das erforderliche Aufbaumaterial heranzutransportieren und zu verteilen. Der Tidenhub darf aber auch nicht zu groß sein, weil die starke Strömung sonst den Wattboden erodiert und abträgt.
- Vom Boden der Nordsee und aus den einmündenden Flüssen muß genug Sand und Schlick als Baumaterial herangeschwemmt werden.
- Der Meeresboden muß flach abfallen, die Küste sich allmählich senken oder der Meeresspiegel steigen, so daß sich immer neue Bodenschichten ablagern können.

Ein ständiges Hin und Her

Nichts ist beständig im Wattenmeer – dafür sorgen die Gezeitenströme. Sie pendeln zweimal täglich hin und her, überfluten den Boden und ziehen sich wieder zurück, wirbeln Schlick auf, lagern Sediment um, lassen Sandbänke, Priele und sogar die großen Wattrinnen wandern – die Schiffahrt weiß ein Lied davon zu singen. Besonders an den Prielkanten ist der Untergrund manchmal beweglicher als die in ihm lebenden Tiere. Dort können Ebbe und Flut ganze Siedlungen von Muscheln und Würmern freispülen. Ausgewachsene Sandklaffmuscheln sind dann zum Sterben verurteilt – sie stecken tief aber bewegungsunfähig im Wattboden und scheitern in einer so bewegten Landschaft an ihrer Bodenständigkeit. Je höher jedoch die Flut landwärts rollt, desto stärker wird die Wasserbewegung gebremst; feine und feinste Partikel lagern sich ab. Nahe der Hochwasserlinie kann sich schließlich sogar der weiche Schlick bilden, der nach einer Wattwanderung als schwärzlicher Trauerrand unter den Fußnägeln haften bleibt.

Aus Sand gebaut

Die freifallenden Wattflächen liegen im Schutz einer Inselbarriere, die sich vom niederländischen Texel über die friesischen Düneninseln und Geestkerninseln wie Amrum, Föhr und Sylt erstreckt und bis zur Dänischen Insel Fanø reicht.

Ein Schiffswrack versandet schnell im gezeitenbewegten Wattenmeer.

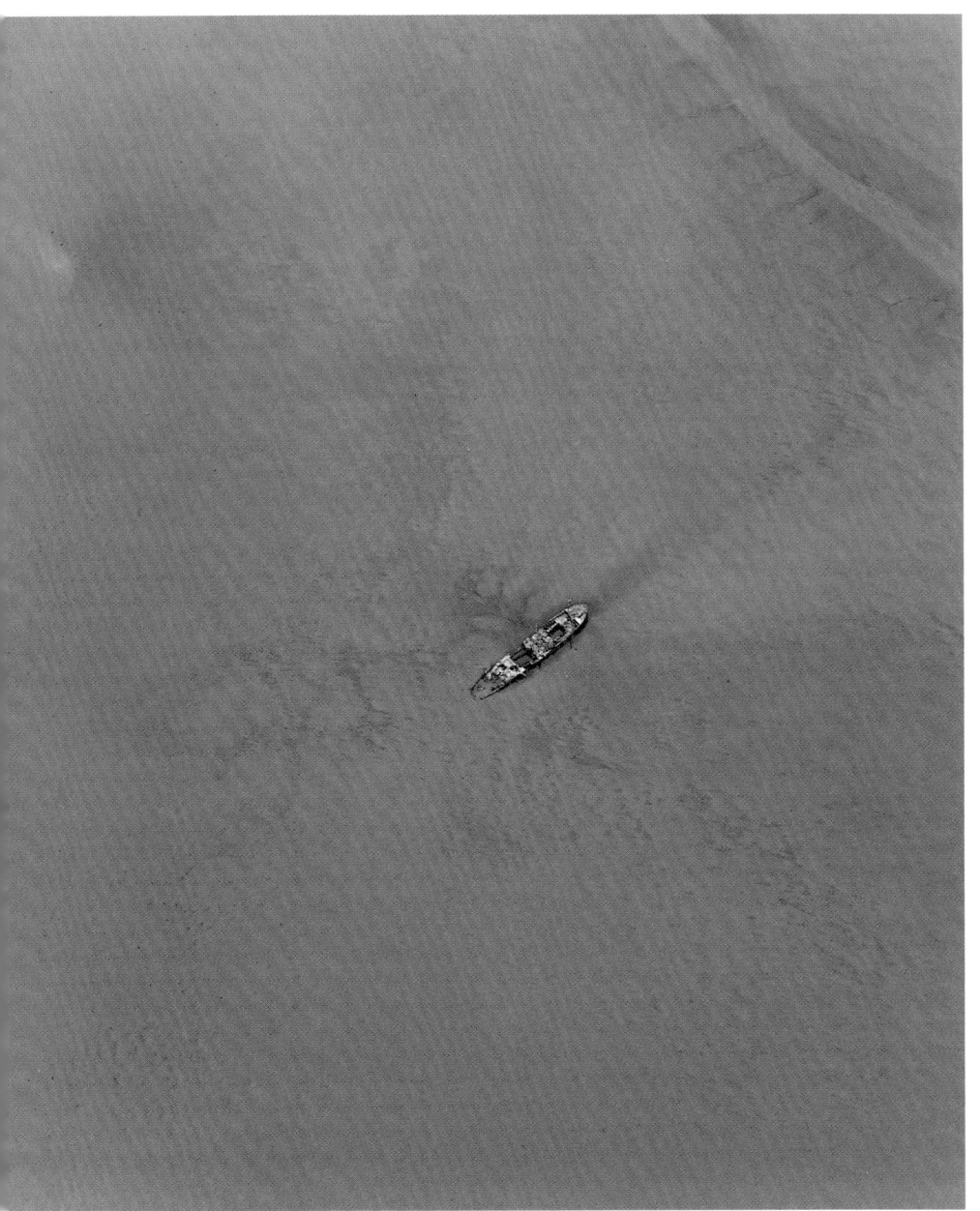

Die verästelten Prielsysteme im Wattenmeer erinnern an das System von Blutgefäßen im menschlichen Körper. Über die Priele strömt das Wasser bei Flut ins Wattenmeer hinein und bei Ebbe wieder zurück.

Die sieben ostfriesischen Inseln von Borkum bis Wangerooge sind aus Sand aufgebaut, der von den Gezeitenströmungen transportiert und zunächst zu küstenparallelen Sandbänken aufgehäuft wurde. Nachdem diese über das Niveau des Meeresspiegels hinausgewachsen waren, konnte der Sand zu Dünen aufgeweht werden. Erdgeschichtlich sind die heutigen Inseln sehr jung. Sie haben sich seit etwa 1200 v. Chr. von zeitweilig überfluteten Sandplaten zu Dünen tragenden Inseln entwickelt und sind erst seit 1398 unter voller Namensnennung dokumentiert.

Ständig transportiert der Flutstrom neuen Sand heran. So haben sich mittlerweile zu den sieben Ostfriesischen Inseln noch zwei weitere gebildet: die Inseln Memmert und Mellum. Letztere ist erst gegen Ende des vorigen Jahrhunderts auf der Wattwasserscheide zwischen Jade und Weser entstanden. Auch heute noch ändert die kleine, unbewohnte Insel Mellum ihre Gestalt. Sandbänke entstehen und verschwinden. Dünen werden vom Wind aufgeweht, winterliche Sturmfluten nagen an ihnen und spülen sie davon. An anderer Stelle erhöht herangewehter Sand die Insel. Schlickfelder verlagern sich. Das Grünland mit der

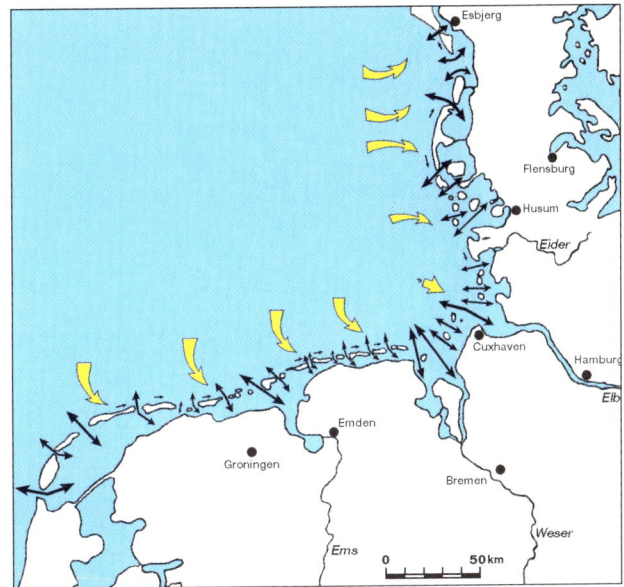

Gezeitenströmung und Sandtransport in der südlichen Nordsee: Die schwarzen Pfeile zeigen die Richtung und die Stärke der Gezeitenströme an. Die gelben Pfeile markieren die Richtung des Sandtransports.

Auf Sandwatten fallen sie besonders ins Auge: waschbrettartige Bänderungen am Boden, Rippelmarken oder kurz Rippeln genannt. Sie entstehen durch die Wirkung von Gezeitenströmung und Seegang.

Salzwiese wächst und dehnt sich weiter aus, von sieben Hektar zu Anfang des Jahrhunderts auf heute fast achtzig Hektar. Vom Menschen unbeeinflußt gestalten vor allem die Naturkräfte Wind und Wasser, aber auch Vögel und Pflanzen die Insel.

Wandernde Inseln

Auch andere Inseln und Sände im Wattenmeer verändern ihre Form und Lage, denn die Gezeitenströme, verstärkt durch den Wind, tragen stetig Sand ab und lagern ihn woanders wieder an. So wandern die Inseln Baltrum, Spiekeroog, Wangerooge ostwärts mit dem Flutstrom, der gegenüber dem nach Westen gerichtete Ebbestrom überwiegt. Auch der Wind kommt häufig aus dem Westen und verstärkt die ostwärts gerichteten Strömungen. Diese tragen die Sandmassen am westlichen Ende der Inseln ab und lagern sie am Ostende an. Die Insel Wangerooge beispielsweise verschob sich in nicht einmal drei Jahrhunderten um

Am Westende von Wangerooge vermindern stabile Deckwerke und ins Meer hinausragende Buhnen die Sandverluste

29

ihre ganze Länge nach Osten. Gestört werden die Inselwanderungen durch die tiefen Fahrrinnen von Ems, Jade, Weser und Elbe sowie durch die Seegats zwischen den Inseln. Schießen dort die Gezeitenströme hindurch, wird Sand in Richtung Küste transportiert. Zudem sind die Inseln heute an ihren Westseiten mit Ufermauern, Deckwerken und Buhnen befestigt.

Im Laufe der Jahrhunderte hat sich außerdem die gesamte ostfriesische Inselkette landeinwärts verlagert. Grund dafür ist die Sandzufuhr von See bei langsam ansteigendem Meeresspiegel. Langeoog und Wangerooge beispielsweise sind in den vergangenen zweitausend Jahren um mindestens zwei Kilometer nach Süden vorgerückt und dabei auf ehemalige Wattgebiete gestoßen. An den Nordstränden der Inseln wird der übersandete Wattschlick mancherorts wieder freigespült.

Die ertrunkene Küste

Während ein „Aufbau Ost" im ostfriesischen Wattenmeer Sandplaten und Düneninseln entstehen ließ, liegen an der Nordfriesischen Küste die Reste einer durch Sturmfluten in Einzelteile zerschlagenen, mittelalterlichen Kulturlandschaft. Dieses „Westland" war dem heutigen Schleswig-Holstein einst vorgelagert, geriet aber im Laufe der Jahrhunderte unter den ansteigenden Meeresspiegel und ist heute zum großen Teil versunken und von tiefen Prielen und Wattströmen durchzogen. Übrig blieben die aus eiszeitlichen Schichten bestehenden Geestkerne der Inseln Sylt, Föhr und Amrum. Auch Pellworm, Nordstrand und Nordstrandischmoor sind Reste der alten, überfluteten Marschen.

Zum Untergang des alten „Westlandes" hat neben den Naturgewalten ungewollt auch der Mensch beigetragen. Im Mittelalter entwässerten die Friesen großflächig die küstennahen Moore und bauten den Salztorf zur Salzgewinnung ab. Speisesalz als Konservierungsmittel war damals ein begehrter Handelsartikel. Was man nicht bedachte: Durch Entwässerung und den Torfabbau sackten die nordfriesischen Marschen zusätzlich unter den steigenden Meeresspiegel und die Sturmfluten des Mittelalters wirkten verheerend.

Jedoch haben die Inseln im schleswig-holsteinischen

Das Ostende der Insel Wangerooge wird mit Sand versorgt, den die Meeresströmungen herantransportieren.

31

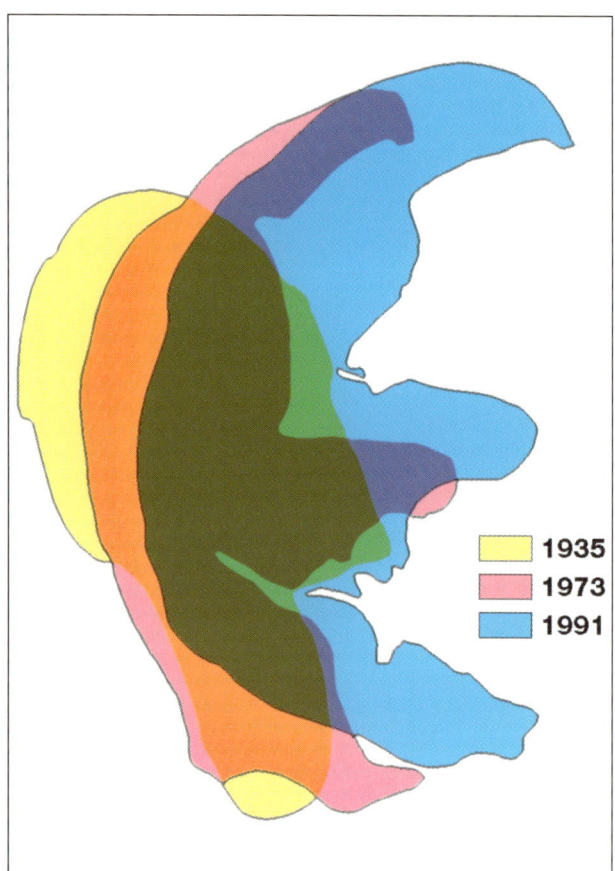

Wanderndes Trischen

1935
1973
1991

Wattenmeer durch die Sandzufuhr von See auch Zuwachs bekommen. So entstanden etwa der markante Sylter Ellenbogen, der kilometerbreite Kniepsand vor der Insel Amrum und die kleine Insel Trischen. Sie besteht aus Sand, der mit den Gezeitenströmen von Süden nach Norden verfrachtet und an der Seeseite des Wattenmeeres abgelagert wurde. Mitte des vorigen Jahrhunderts waren es noch drei Sände, die zusammenwuchsen und schließlich die Insel Trischen bildeten. Heute wandert die nur von einem Vogelwärter bewohnte Insel Jahr für Jahr um etwa zwanzig Meter landwärts.

Die einsame und der natürlichen Entwicklung überlassene Sandinsel Trischen ist ein Paradies für Seevögel, die hier ungestört brüten, rasten, fressen, überwintern oder mausern können. Im Juli sammeln sich bis zu 60 000 Brandenten zur Mauser auf Trischen.

Grüne Archen im Meer

Wie kaum an einem anderen Ort bestimmen Ebbe und Flut
das Dasein auf den Halligen, den kleinen, unbedeichten Inseln im schleswig-holsteinischen Wattenmeer. Dort geht
vieles nach dem Gang der Tidenuhr und bei Sturmflut stehen alle Zeiger still. Dann retten sich Mensch und Vieh auf
die Warften, Erdhügel, auf denen die Häuser und Ställe stehen. Von den zehn Halligen ist Hooge die bekannteste und
ein beliebtes Ausflugsziel. Sie besteht aus zehn Warften, auf
denen über hundert Menschen leben. Zu Hooge gehört
auch die größte aller Halligwarften, die Hanswarft mit fünf-
zehn Häusern. Wer dort lebt, braucht Geduld und den Blick
für das Wesentliche. Ebbe und Flut, Wind und Wellen bestimmen die Fahrpläne der Schiffe im Wattenmeer. Sturmfluten oder Eisgang unterbrechen die normale Versorgung
vom Festland aus, auch der Hubschrauber kann bei Sturm
nicht fliegen. Ganz wehrlos jedoch ist die Hallig Hooge
heute nicht mehr. 1914 wurde ein Sommerdeich gebaut,
seither rollen die Wellen viel seltener über die Hallig hinweg.
Nach der zerstörerischen Orkanflut vom Februar 1962
verbreiterte und erhöhte man die Warften und in den neuen
Häusern sichern nun tragende Betonpfeiler die Flucht-
räume im Dachteil. Wenn jedoch der Wind lange genug aus
Südwesten bläst, dann auf West, gar auf Nordwest dreht,
donnern die Fluten wie eh und je gegen die Hallig. Zunächst
schließt der Wasserdruck die Schleusentore der Entwässe-
rungssiele. Dann wälzen sich die großen Wellen über den
Deich und füllen langsam aber stetig das Land. Die Hallig
„läuft blank". Steigt der Wasserstand mehr als eineinhalb
Meter über das Mittlere Tidenhochwasser, meldet Hooge
„landunter". Für lange Stunden werden die Warften dann zu
winzigen Inseln im tobenden Meer, zu rettenden Archen für
Mensch und Tier.

Die roten Klippen von Helgoland

Erst vor 4000 Jahren löste sich die heutige Hochseeinsel Helgoland im Zuge des Meeresspiegelanstiegs von der einstigen
Festlandbrücke zum „Westland" vor der schleswig-holstein-
schen Küste. Die roten Felsklippen Helgolands sind für Nord-
deutschland eine Besonderheit. Sie bestehen aus normaler-
weise in großen Tiefen lagerndem, über zweihundert Millio-

*Dicht an dicht drängen sich die
Häuser von Hallig Hooge auf
den Warfthügeln zusammen.*

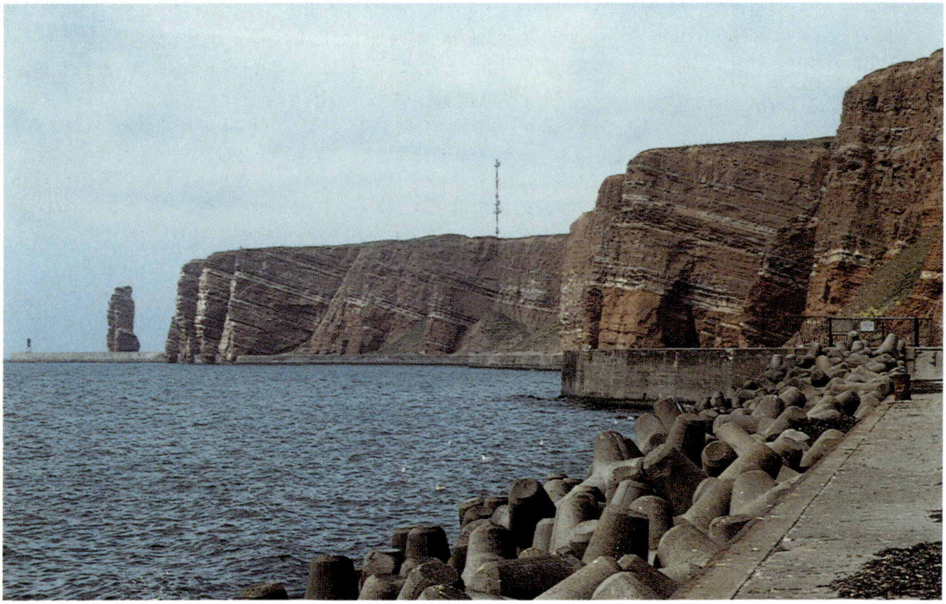

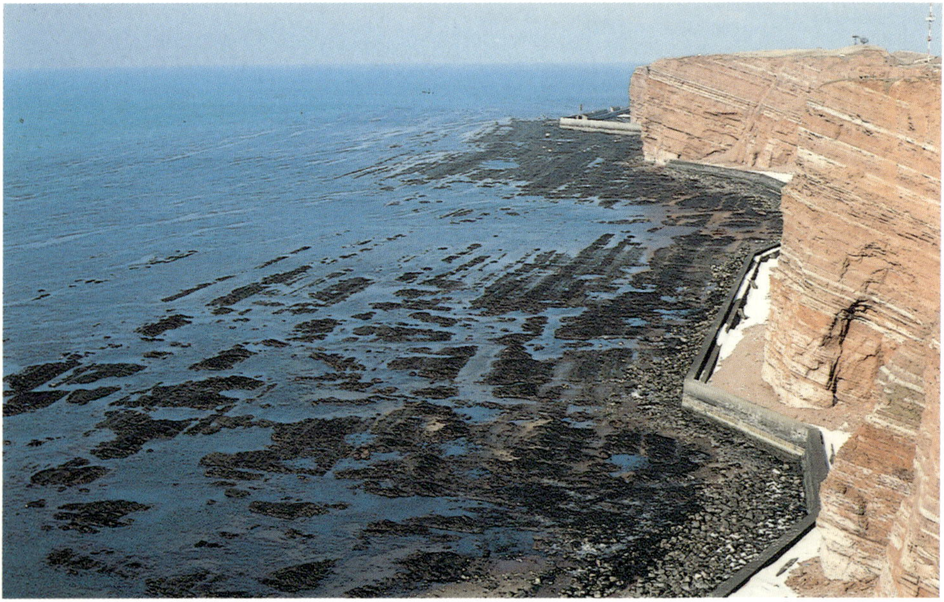

Das Westufer von Helgoland bei Flut. Tetrapoden aus Beton und eine hohe Ufermauer schützen die roten Klippen vor den bei starkem Westwind heranbrandenden Nordseewogen.

nen Jahre altem Buntsandstein. Unter der Insel liegt ein noch älterer Salzstock. Unter der Last der mächtigen steinernen Ablagerungen „bäumte" er sich auf und drückte unter anderem die Buntsandsteinschichten in die Höhe.

An der Felseninsel Helgoland hat weniger das Transportunternehmen Ebbe und Flut seine gestaltenden Kräfte entfaltet als vielmehr Brandung und Wellenschlag. Sie greifen mit großer Kraft die hohen Steilwände der Felsenklippen an. Da die Sand- und Tongesteine, Mergel und Kalke nicht sonderlich widerstandsfähig sind, schlagen die Wellen, verstärkt durch das Brandungsgeröll, mit der Zeit Trichter und Hohlkuhlen in das zerrüttete Gestein. So weicht das Felsenkliff ständig vor den Angriffen des Meeres zurück, sofern nicht Betonmauern den Landverlust verzögern. Felsnasen, Vorsprünge und Türme wie die „Lange Anna" bleiben manchmal stehen.

Wechselvolle Geschichte

So bewegt wie das tägliche Geschehen von Ebbe und Flut in der Deutschen Bucht ist auch die geologische Geschichte des Nordseeraumes. Die eigentliche Geburtsstunde der Nordsee begann vor etwa 240 Millionen Jahren als sich der Boden unterhalb der heutigen Nordsee abzusenken begann und das alte Sumpfgebiet vom Meerwasser überflutet wurde. Vor etwa zwei Millionen Jahren begann die Periode der Eiszeiten. Während ihrer größten Ausdehnung bedeckten die Inlandeismassen ganz Skandinavien, die Nord- und Ostsee und die Norddeutsche Tiefebene bis an die Mittelgebirge. Mindestens dreimal gab es gewaltige Eisvorstöße. Schließlich wurde es wieder wärmer auf der Erde; vor etwa 13 000 Jahren begannen die Eismassen zu schmelzen, und

der Meeresspiegel stieg. Das zog sich über Jahrtausende hin. Noch vor 10 000 Jahren lag die Küste der Nordsee nördlich der Doggerbank, die Elbe hatte es etwa 400 Kilometer weiter bis zum Meer und man konnte trockenen Fußes von Deutschland nach England laufen. Wo heute die Doggerbank liegt, erlegten die steinzeitlichen Jäger einst Mammut und Rentiere. Davon zeugen noch heute eiszeitliche Steinwerkzeuge und Mammutknochen in den Fischernetzen. Schließlich „ertrank" auch die Landverbindung zwischen England und Westeuropa und allmählich verlangsamte sich der zunächst rasante Anstieg des Meeresspiegels. In den vergangenen rund 7000 Jahren hob er sich um etwa acht Meter auf das heutige Niveau und steigt auch heute noch langsam weiter.

Das Westufer von Helgoland bei Ebbe. Vor der Uferschutzmauer fällt eine große Brandungsterrasse trocken – das Felswatt.

Trutz blanke Hans
– wie der Mensch gegen die
Flut kämpft

Seit über tausend Jahren behauptet der Mensch seinen Platz in der bewegten Küstenlandschaft und prägte den landseitigen Teil des Wattenmeeres. Er wehrte sich gegen die zerstörerische Nordseeflut, den „blanken Hans"; er baute Deiche und entwässerte den Marschboden. Vor der Kultivierung sahen die aus Meeresablagerungen entstandenen Küstenmarschen ganz anders aus, als unsere heutigen

Trutz, blanke Hans

Mitten im Ozean schläft bis zur Stunde
Ein Ungeheuer, tief auf dem Grunde.
Sein Haupt ruht dicht vor Englands Strand,
Die Schwanzflosse spielt bei Brasiliens Sand.
Es zieht, sechs Stunden, den Atem nach innen,
Und treibt ihn, sechs Stunden, wieder von hinnen.
Trutz, blanke Hans.

Doch einmal in jedem Jahrhundert entlassen
Die Kiemen gewaltige Wassermassen.
Dann holt das Untier tiefer Atem ein,
Und peitscht die Wellen und schläft wieder ein.
Viel tausend Menschen im Nordland ertrinken,
Viel reiche Länder und Städte versinken.
Trutz, blanke Hans.

Ein einziger Schrei – die Stadt ist versunken,
Und Hunderttausende sind ertrunken.
Wo gestern noch Lärm und lustiger Tisch,
Schwamm andern Tags der stumme Fisch.
Heut bin ich über Rungholt gefahren,
Die Stadt ging unter vor sechshundert Jahren.
Trutz, blanke Hans?

(Dethlef von Liliencron, 1885)

Sicherung eines Flußdeiches gegen stürmisches, hoch aufgestautes Wasser. Illustration zum Deichrecht in der Heidelberger Bilderhandschrift des Sachsenspiegels, um 1320.

von hohen Deichen geschützten Weide- und Ackerlandschaften. Von Prielen durchschlängelte Salzwiesen, feuchte Schilfgebiete, Niedermoore und Auwälder dehnten sich am Rande der Nordsee aus, während die angrenzende, höherliegende Geest schon längst besiedelt war. Erst nach der Zeitwende begannen die ersten Siedler die schweren, nassen, aber sehr fruchtbaren Marschböden zu bearbeiten.

Zunächst bauten die Pioniere in der Marsch Flachsiedlungen ohne besonderen Hochwasserschutz, denn der Meeresspiegel war auf einen niedrigen Stand gefallen. Im ersten Jahrhundert unserer Zeitrechnung jedoch begann er wieder zu steigen und Sturmfluten bedrohten die Siedlungen. Ein Wettlauf zwischen Mensch und Meer begann. Man schaufelte Wohnhügel (Wurten oder Warften), die aus den Fluten ragten. Doch das Wasser stieg weiter und die Menschen schaufelten höher. Sie hielten stets an ihrem angestammten Hausplatz fest und setzten den Neubau auf die lehmigen Reste des alten Hauses. So gruben Küstenarchäologen sieben übereinanderliegende Wurtendörfer über vier Flachsiedlungen der Wurt Feddersen Wierde aus. Sie liegt nördlich von Bremerhaven im Land Wursten, das so-

Arbeiter transportieren vor dem Deichfuß abgegrabenen Klei mit Schubkarren zur Deichbaustelle. Der Transportweg ist mit Bohlen ausgelegt. Radierung von Alex Eckener (1939) zu Theodor Storms „Schimmelreiter".

Für Deichbau oder Deichreparatur benötigte Grassoden wurden im Vorland vor den Deichen ausgeschnitten und mit dem Sodenausheber vom Untergrund gelöst. Foto um 1930.

gar nach den in großer Zahl vorhandenen Wurten benannt wurde. Dank der guten Erhaltungsbedingungen unter dem schweren, luftabschließenden Tonboden sind in einer Wurt alle organischen Reste hervorragend konserviert. Reste der Gebäude sind noch in Holz erhalten, ebenso Überbleibsel der damaligen Kulturpflanzen: Pferdebohnen, Spelzgerste, Hafer und Lein.

Auch am Wattboden zeigen sich bei Ebbe Spuren der vergangenen Kultur. Relativ oft finden sich dunkel erscheinende Entwässerungsgräben, aber auch Grundrisse von Wurten, Reste alter Deichtrassen, Siel und Hafenbefestigungen. Immer dort, wo das Wasser schnurgerade Linien oder exakte Kreise freigibt, haben einst Menschen gelebt und gearbeitet. Die Natur bildet solche geometrischen Formen nicht.

Wer nicht deichen will, muß weichen

Bis ins 11. Jahrhundert schützte man sich allein durch den Bau von Wurten gegen die steigenden Sturmfluten. Vorgänger der Deiche waren schmale Verbindungsdämme zwischen den Wohnstätten. Die ersten Seedeiche bauten die Küstenbewohner vor etwa tausend Jahren zunächst ringförmig um einzelne Dörfer oder Kirchspiele. Erst allmählich wuchsen sie zusammen bis schließlich im 13. Jahrhundert lange zusammenhängende Deiche an der Nordseeküste entstanden. Anfangs lagen die Deichkronen nicht mehr als zwei bis dreieinhalb Meter über dem normalen Hochwasser und bei schweren Sturmfluten strömte das Wasser darüber hinweg. Nach neuen archäologischen Untersuchungen hatten auch diese ersten Überlaufdeiche flach ansteigende Böschungen. Erst im späten Mittelalter erzwangen die steigenden Wasserstände massivere Bollwerke gegen das Meer. Damals erfand man auch den Stackdeich – dicht zusammengefügte Holzpfähle, senkrecht in den Boden gerammt und innen mit Brettern und vorgelegtem Rasen abgedichtet. An dieser Holzwand brachen sich zwar die Fluten, aber die ungeheuren Wasserkräfte wirkten zum einen ungebremst nach unten und spülten den Wattboden fort, zum anderen schoß das Wasser senkrecht nach oben und schlug hart auf den Deichkörper, so daß trichterartige Einschläge entstanden.

Allerdings war dieser Deichtyp offenbar nicht der einzige,

Sperrung eines Wattpriels durch eine hölzerne Spundwand beim Bau des Hindenburgdammes, der die Insel Sylt mit dem Festland verbindet, 1923.

sondern eher eine Art Notbehelf zum Schutz alter Deiche, die ihr Vorland verloren hatten. Die nicht durch Landabbruch bedrohten Deiche dagegen bekamen auch weiterhin eine flache Außenböschung wie Grabungen an der schleswig-holsteinischen Küste belegen. Das weitverbreitete Schema von der Entwicklung der Deichprofile, das mit einem Querschnitt durch einen Stackdeich beginnt und allmählich zu flachen Deichböschungen überleitet, ist daher irreführend. So unvernünftig, wie man lange Zeit glaubte, waren die Küstenschutzmaßnahmen der Deichbaupioniere ganz und gar nicht.

Dennoch war der Kampf der Marschbewohner gegen das Meer mühsam und von vielen Rückschlägen begleitet. Der Sturmflutspiegel stieg weiter an, während das Marschland durch Entwässerung und Torfstich absackte. Den Rekord nach unten hält heute die nördlich der Elbe gelegene Wilster Marsch mit mehr als drei Metern unter dem Meeresspiegel. Zusätzlich verengten die Deiche Stück um Stück

Diese gängige Darstellung von der Entwicklung der Deichprofile an der schleswig-holsteinischen Küste ist unvollständig: Neben den steil aufragenden Stackdeichen waren auch früher schon Deiche mit flach ansteigender Außenböschung verbreitet.

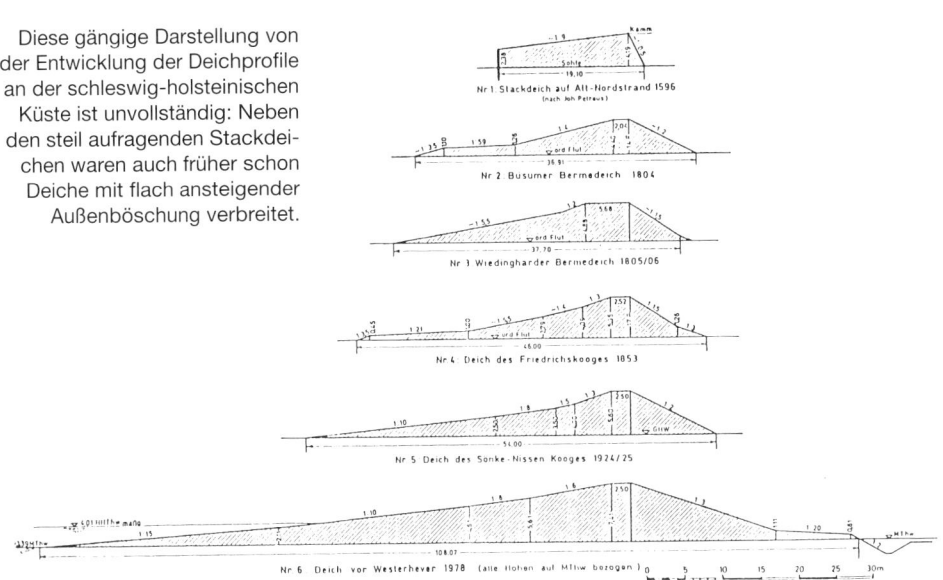

Nr.1 Stackdeich auf Alt-Nordstrand 1596 (nach Joh Petrews)

Nr.2 Büsumer Bermedeich 1804

Nr.3 Wiedingharder Bermedeich 1805/06

Nr.4 Deich des Friedrichskooges 1853

Nr.5 Deich des Sönke-Nissen-Kooges 1924/25

Nr.6 Deich vor Westerhever 1978 (alle Höhen auf MThw bezogen)

die Überflutungsgebiete der Sturmfluten. Immer wieder brachen sie, und große Sturmfluten wie die Marcellusflut von 1362 verwüsteten das Land und ertränkten viele Tausende von Menschen und noch viel mehr Vieh. Die großen Buchten Dollart und Jadebusen sind erst lange nach dem Beginn des Deichbaus eingebrochen, ebenso große Teile Nordfrieslands. Erst seit dem 16. Jahrhundert überwiegt der Landgewinn wieder. Ein wehrhafter Deich wurde vor den anderen gesetzt und in den neu entstandenen Kögen wogte Getreide und weidete das Vieh.

Doch der Vorschub der Deichlinie hatte auch unbeabsichtigte Folgen: Wo man den Ebbe- und Flutströmen ihren Lauf mit einem Damm verwehrte, grub sich das Wasser eine neue Rinne und richtete andernorts Schaden an. Diese Erfahrung mußte auch der Deichgraf Hauke Haien, Titelheld von Theodor Storms „Schimmelreiter", machen. Er trotzte der Nordsee neues Land ab und ließ einen Koog mit wehrhaftem Deich bauen. Denn ordentlich „Klei unter den Füßen" wie der Besitz von fruchtbarem Marschland in Nordfriesland hieß, bedeutete Ansehen und Wohlstand. Doch der durchdämmte Priel verlegte sein Bett und bedrohte nun den alten Deich:

„Ein Haufen neuer Plag und Arbeit erhob sich vor der Seele des Deichgrafen; nicht nur der alte Deich mußte hier verstärkt, auch dessen Profil dem des neuen angenähert werden; vor allem aber mußte der als gefährlich wieder aufgetretene Priel durch neu zu legende Dämme oder Lahnungen abgeleitet werden."

Doch eine schwere Sturmflut vor Allerheiligen war schneller als die Pläne des Deichgrafen, der alte Deich brach. Ein Rettungsversuch

Und der Mensch schrie dagegen: „Wir sollen den neuen Deich durchstechen, Herr, damit der alte Deich nicht bricht!"

scheiterte am Widerstand des Deichgrafen. Der „Mordsee" freiwillig sein Land zu opfern, ließ die Seele des Friesen nicht zu.

Trotz aller Rückschläge verwandelte man allmählich die Küstenmarschen in eine bäuerliche Kulturlandschaft. Heute ist die Küstenlinie durch gewaltige Deiche geschützt. Der Ende der siebziger Jahre fertiggestellte Dickehörn-Deich von Nordstrand beispielsweise ist achteinhalb Meter hoch und hundert Meter Meter breit, seine Querschnittsfläche beträgt fast vierhundert Quadratmeter.

Wie Land aus dem Meer wächst

Die hohen, am Fuß zusätzlich mit Steindeckwerk widerstandsfähig gebauten Seedeiche kosten viel Geld. Ein breites Vorland vor den Deichen erspart teure Deckwerke, verhindert ein Unterspülen des Deichkörpers und schwächt bei Sturmfluten die Wucht des auflaufenden Wassers ab. Vorland wächst auf natürliche Weise im Gezeitentakt auf. Denn jede Flut schwemmt Schwebeteilchen ins ufernahe Watt, die absinken, wenn die Strömung bei Hochwasser für kurze Zeit aussetzt. So bildet sich eine Schlickschicht, die allmählich dicker wird. Ist das Schlickwatt bis auf einen halben Meter unter das Mittlere Tidenhochwasser emporgewachsen, siedelt sich als erste Pionierpflanze der Queller an. Bäumchenartig aufragend breitet er sich flächendeckend aus, bremst die Wasserströmung, fördert die Schlickablagerung und hält mit seinen Wurzeln den Boden fest. So wächst allmählich Land vor dem Deich auf, das nicht mehr täglich überflutet wird, sondern das Salzwasser nur noch bei Springtiden und Sturmfluten zu spüren be-

Einen natürlichen Übergang zwischen Watt und Salzwiese wie hier auf Wangerooge gibt es nur noch an wenigen Stellen im Wattenmeer.

Der Queller ist die Pionierpflanze der Landgewinnung.

Fast überall an der Küste wird
die Verlandung mit technischen
Mitteln unterstützt. Im Schutz
von Lahnungen entwickelt sich
Vorland, das über ein Graben-
system entwässert wird.

kommt. Dort siedeln sich spezialisierte Gräser und Kräuter
an, eine Salzwiese entsteht.

Wie die Menschen diese natürliche Landbildung syste-
matisch fördern, läßt sich überall an der Nordseeküste beobachten. Auf dem Deich stehend blickt man über schnurgerade Entwässerungsgräben, sogenannte Grüppen, die
weiter draußen in geometrisch genaue Lahnungsfelder
übergehen. Diese bestehen aus Doppelreihen von Holz-
pfählen, die mit Reisigbündeln gepackt werden. Lahnungen
dämpfen Strömung und Wellenbewegung und schaffen so
Stillwasserzonen, in denen verstärkt Schlick abgelagert
wird. So wächst vor den Deichen schneller Land auf. Tradi-
tionell jedoch wurden die neugewonnenen Vorlandflächen
eingedeicht und genutzt, sobald sie eine bestimmte Höhenlage erreicht hatten. Noch bis in die jüngste Zeit hinein gingen erhebliche Vorlandflächen beispielsweise in der Leybucht (Niedersachsen) und in der Nordstrander Bucht
(Schleswig-Holstein) durch Eindeichung verloren.

Wohin mit dem Wasser?

An der regenreichen Nordseeküste kommt das Wasser von zwei Seiten. „Ersaufen wir nicht im Salzwasser, ersaufen wir im Süßwasser", brachte das ein alter Spruch der Marschleute auf den Punkt. Fällt viel Regen, treten Flüsse, Bäche und Gräben in der Marsch über die Ufer; das Wasser muß also durch den Deichriegel hindurch vom Land abfließen können. Dazu dienen die Siele – Schächte, die den Deich am Lauf kleiner Flüsse oder Gräben durchbrechen. Die Sieltore öffnen und schließen sich automatisch im Gezeitentakt: Steigt die Flut vor dem Deich, werden die Tore zugedrückt. Ebbt das Wasser wieder ab, steigt der Innendruck durch das Wasser im Graben, die Tore werden aufgestoßen und das Süßwasser kann abfließen. Doch was, wenn es tagelang nur stürmt und regnet? Dann staut der Wind den Tidenwasserstand hoch, das viele Süßwasser kann nicht abfließen und großflächige Überschwemmungen drohen. Um diese zu verhindern werden Speicherbecken gebaut, die das Wasser solange auffangen, bis die tidengesteuerte Torautomatik der Siele wieder funktioniert. Ein Beispiel für einen solchen Speicherkoog ist der 1959 in Nordfriesland errichtete „Hauke-Haien-Koog", benannt nach Theodor Storms „Schimmelreiter". Dieser Koog mit zwei insgesamt 700 Hektar großen Speicherbecken regelt die Entwässerung eines 75 000 Hektar großen Einzugsgebiets.

Ein weiterer Süßwasserspeicher entstand durch das Eider-Sperrwerk (Bild), das größte technische Bauwerk an der deutschen Nordseeküste. Dort wo die Eider, Grenzfluß zwischen Schleswig und Holstein, ins Meer mündet, wird sie durch einen fast fünf Kilometer langen Damm begrenzt. Die Gezeiten schwappen durch ein zweihundert Meter breites Sperrwerk ein und aus. Wird jedoch die Flut durch die gewaltigen Sieltore ausgesperrt, fungiert die freigehaltene Eidermündung als Speicherbecken. Dort fließt dann eine Zeit lang nur das Süßwasser ein und großflächige Überschwemmungen an den Ufern werden verhindert. Auch wenn die Gefahr einer Sturmflut besteht, werden alle Tore geschlossen, und die längs der Eider liegenden Städte und Dörfer sind vor den Fluten geschützt. Fast sechzig Kilometer Deichlinie längs des Flusses sind durch das Sperrwerk auf nicht einmal fünf Kilometer verkürzt worden.

Die schwindenden Strände von Sylt

Die sandige Westküste der Insel Sylt ist ständig den Angriffen der Nordsee ausgesetzt. Dagegen konnten an der strömungsgeschützten Ostseite der Insel Salzwiesen und Wattflächen entstehen.

An den malerischen Sandstränden und Dünenketten der Ost- und Nordfriesischen Inseln lassen sich schlecht Deiche bauen. Darum haben die Insulaner auf andere Weise versucht, Sandwanderung und Uferabbruch zu verhindern. Fortschritte und Rückschläge bei dem Versuch, diese bewegliche Landschaft festzulegen, zeigt das Beispiel der Insel Sylt: Strände, Dünen und Kliffufer an der Sylter Westküste sind gegen Sturmfluten nur schwer zu schützen. Um anderthalb Meter jährlich weicht das Ufer im Mittel seit 1950 zurück. Besonders schwierig ist die Lage an der Nord- und Südspitze von Sylt, dem Lister Ellenbogen und der Hörnum-Odde. Seit etwa dreißig Jahren verliert die Insel an Länge, vor Hörnum wurden mehrere hundert Meter Strand und Dünen davongespült. Seit vielen Jahren streiten daher Inselbewohner, Wissenschaftler und die zuständigen Beamten um einen erfolgreichen Schutz der Sylter Westküste. Viele Vorschläge fluteten heran und ebbten wieder in den Papierkorb – etwa der massive Einsatz von Tetrapoden, riesigen Stahlbetonklötzen, welche die Gewalt der See min-

Bedrohte Sylter Südspitze.

Wenn die Brandung tost, bröckelt der Sand…

dern sollen, oder die Sicherung des Steilküstenfusses durch Beton und Betonterassen zur Stabilisierung der Dünen. Damit hätte man wohl auch die Reiselust der treuesten Sylt-Fans zubetoniert.

Bereits 1869 entstanden an der Sylter Westküste die ersten Buhnen, rechtwinklig zu Strand ins Meer hinausgebaute, teils mehr als vierhundert Meter lange Dämme. Sie sollten den Sand aufhalten, der ständig mit den parallel zur Küste wirkenden, durch Wind verstärkten Gezeitenströmen verdriftet wird. Doch weder Steinbuhnen noch Stahlwände konnten der Strömung dauerhaft standhalten und wurden zudem bei schweren Fluten unterspült. Der größte Teil der insgesamt weit über hundert Buhnen ist heute zerstört. In den sechziger Jahren verlegte man außerdem südwestlich von Hörnum eine Reihe von Tetrapoden. Zunächst lagerte sich wie geplant nördlich des mächtigen Bauwerks Sand ab. Doch nach zehn Jahren begannen die Tetrapoden im Sand zu versinken, an ihrer strömungsabgewandten Seite nahmen die Abbrüche durch Erosion dramatisch zu. Standen die Tetrapoden bei ihrer Errichtung noch am Dünenfuß,

Das Tetrapoden-Längswerk vor Hörnum brachte eher Nachteile.

sind sie jetzt weit draußen am Strand zu sehen, wenn sie nicht gerade durch eine Sandvorspülung bedeckt werden. Doch nicht sie haben sich bewegt, sondern in ihrem Rücken wurden die Dünen weggerissen.

Mittlerweile hat man sich von der Idee starrer Bauwerke am Strand verabschiedet. Oft schaden sie dem Küstenschutz eher, als daß sie nützen, weil Erosion und Unterspülung fast unvermeidlich sind. Seit 1972 versucht man die sandige Sylter Westküste mit Sandvorspülungen zu sichern. Statt mit voller Wucht auf die Strandmauer zu prallen, wird die Brandung bereits weit vorn gedämpft. Da sie häufig erneuert werden müssen, sind Sandvorspülungen zwar teuer, aber eine Möglichkeit den Küstenabbruch zu verzögern und den Strand zu erhalten.

Steigende Fluten in Hamburg

Ausgerechnet Hamburg, die Millionenstadt fernab von der Nordsee, erwischte es bei der schweren Sturmflut im Februar 1962 am schlimmsten. Millionen Kubikmeter Wasser ergossen sich in die Stadt, ein Sechstel Hamburgs wurde überflutet, 315 Menschen starben. Dabei liegt die Hafenstadt fast am Ende der gezeitenbeeinflußten Unterelbe, die sich von der Mündung bis zum Stauwehr von Geesthacht erstreckt. Nach dem Schock von 1962 wurden die Schutzanlagen in Hamburg vollkommen überarbeitet und die Deiche erhöht – an besonders gefährdeten Abschnitten sogar bis auf neun Meter. Auch im Hamburger Hafengebiet gibt es heute Geländeaufhöhungen, ähnlich der Warften auf den Nordfriesischen Halligen und Hochwasserschutzwände um ein oder mehrere Gebäude (Polder).

Seit jeher erlebt der Hamburger Hafen zweimal täglich Ebbe und Flut. Doch die Fluten stiegen in Hamburg nicht

Der Einfluß der Gezeiten zeigt sich auch im Hamburger Hafen. Am Mauerwerk der Häuser in der Speicherstadt markiert ein grünes Band aus Algen, wie hoch die Flut in den Fleeten steigt.

immer so hoch an wie heute: Vor 1840 zeigte der Pegel in Hamburg-St. Pauli noch einen Tidenhub von ein Meter achtzig an. Mittlerweile ist die Höhe des Tidenhubs auf dreieinhalb Meter angestiegen. Dabei sanken die mittleren Wasserstände bei Ebbe und die bei Flut stiegen. Auch die Auflaufhöhe der Sturmfluten nahm überproportional zu. Grund dafür ist unter anderem die stetige Vertiefung der einst drei bis sechs Meter tiefen Unterelbe, die nach und nach auf eine Fahrwassertiefe von über dreizehn Metern ausgebaggert wurde. Außerdem fehlen heute Überlaufflächen für die Fluten aus der Nordsee, weil die niedrigen Elbmarschen durch Deiche und die Nebenflüsse der Unterelbe durch Sperrwerke verriegelt sind. So stauen sich die Wassermassen in der Elbe wie in einem Trichter auf und rücken konzentriert auf Hamburg vor. Auch in anderen großen Häfen wie Bremen, Bremerhaven, Wilhelmshaven und Emden erhöhte sich der Tidenhub. Sturmfluten gelangen heute schneller bis in die Hafenstädte und bewirken dort höhere Wasserstände als jemals zuvor.

Pulsierendes Leben – wie die Natur das tägliche Wechselbad nutzt

Zweimal täglich breitet sich die Flut über die Watten der Nordseeküste, verschluckt kilometerweit Sand und Schlick, Seegraswiesen und Muschelbänke. „Durchatmen und fressen" signalisiert das steigende Wasser zahlreichen Bewohnern des Wattbodens. Sobald sich jedoch das Meer wieder zurückzieht, machen alle, die sich nicht eingraben können, dicht. Miesmuscheln klappen ihre Schalenhälften fest zusammen, Seepocken verschließen die Öffnung ihres Kalkpanzers und Strandschnecken deckeln ihr Gehäuse zu, um nicht von Wind und Sonne ausgedörrt zu werden. Während der Ebbezeit sind Tiere und Pflanzen im Watt den Launen des Landwetters ausgesetzt – sengender Hitze im Sommer mit Wassertemperaturen über dreißig Grad in flachen Watt-

Tümpeln, Frost und Eisgang im Winter. Ständig schwankt der Salzgehalt im Wasser, das bei starkem Regen so brackig wird wie in den Flußmündungen. Das Dasein im Wattenmeer gleicht einem Wechselbad, geprägt von Veränderung und Unsicherheit.

Trotzdem wimmelt im Wattboden das Leben. Ebbe und Flut sorgen gleich in doppelter Hinsicht dafür, daß kleine und kleinste Lebewesen in der Gezeitenzone überaus zahlreich und produktiv werden. Der Flutstrom liefert zweimal täglich Rohstoffe und Nahrung ins Watt. Miesmuscheln beispielsweise beginnen eilig, das heranströmende Wasser nach Planktonalgen und anderen Schwebeteilchen zu durchfiltern. Bei Ebbe wiederum legen einzellige Kieselalgen, die als lebende Oberflächenhaut den Wattboden überziehen, so richtig los. Für die Photosynthese, die Basis des pflanzlichen Wachstums, brauchen sie viel Sonnenlicht, und das bekommen sie vor allem dann, wenn das trübe Wattwasser abläuft und den Boden freilegt. Auf dieser hochproduktiven Mikroalgenweide frißt das Milliardenvolk der Wattschnecken, außerdem Muscheln, Krebse und Würmer. Die Biomasse dieser Bodentiere ist im Schnitt fünfmal so hoch wie die auf einem gleich großen Stück Meeresboden unter Wasser. Daher ist der Wattboden ein maritimes Schlemmerbuffet für Nordseefische und Zugvögel aus aller Welt. Wegen seiner großen ökologischen Bedeutung ist das gesamte Wattenmeer als internationales Biosphärenreservat geschützt, die deutsche Wattenküste bekam den hohen Schutzstatus des Nationalparks verliehen.

Besonders viel Biomasse stellen die Siedlungen der Herzmuschel sowie die fast überall im Watt verbreiteten Pierwürmer bereit. Ihre sandigen Kotkringel sind die auffälligsten Spuren vom verborgenen Leben in Schlick und Sand. Dabei ist der Pierwurm selbst eher unscheinbar und erinnert entfernt an einen Regenwurm. Er sitzt in seinem Wohngang und frißt Sand, der beständig in die Tiefe rieselt und einen Freßtrichter an der Wattoberfläche hinterläßt. Anschließend verdaut der Wattwurm alles Freßbare und scheidet den Rest als Kotsandhäufchen wieder aus. Gegen Sauerstoffmangel, der entsteht, wenn ihr Atemwasserstrom bei Ebbe versiegt, sind die Pierwürmer recht unempfindlich. Außerdem besitzen sie Hämoglobin, den auch im menschlichen Körper vorhandenen roten Blutfarbstoff. Der stellt auch bei geringem Sauerstoffangebot noch eine ausreichende Versorgung sicher.

Unter die Lupe genommen: Die dünnen, nur anderthalb Zentimeter langen Pygospio-Würmer findet man häufig im Wattboden. Sie leben in einer Wohnröhre, die sie mit einer festen Schleimtapete verkleiden. Bei Niedrigwasser verschließen sie die Öffnung ihres Wohnganges und verkriechen sich in tiefere Bereiche, um nicht auszutrocknen.

Signale aus der Unterwelt – die Spuren des Pierwurms sind nicht zu übersehen. Der Wurm sitzt in einer U-förmigen Wohnröhre, frißt Sediment und erzeugt so einen Freßtrichter an der Wattoberfläche. Alles Unverdauliche scheidet er als Kotsandhäufchen wieder aus.

Erscheint nur unfreiwillig an der Oberfläche: Der Watt- oder Pierwurm.

Fressen im „Schichtbetrieb"

Der Gezeitenwechsel macht das Wattenmeer zu einer Dreh-
scheibe zwischen Land und Meer. Im Sechs-Stunden-Takt
wechseln sich Fische und Vögel beim großen Fressen am
Wattboden ab:

Bei Ebbe eröffnet sich ein wahres Schlaraffenland für Küstenvögel im Schlick und Sand. Den Nahrungsreichtum teilen sie untereinander auf. Während der Alpenstrandläufer
nahe der Wattoberfläche nach Schlickkrebsen und Wattschnecken stochert, stellt der langschnäblige Brachvogel
auch tief im Sediment lebenden Wattwürmern nach. Der
Austernfischer kann mit seinem kräftigen Schnabel sogar
Muscheln aufknacken, welche die Eiderenten im Ganzen
verschlucken und im Magen zerquetschen. Ringelgänse
und Pfeifenten dagegen weiden Seegras, Grünalgen oder
Salzpflanzen ab.

Im Sommer suchen vor allem die im Küstenvorland brü-
tenden Watvögel, Seeschwalben und Möwen im Wattenmeer nach Futter. Im Frühjahr und im Spätsommer legen
dort Millionen von Zugvögeln aus weit entfernten Brutge-
bieten einen Zwischenstop ein, um sich Energiereserven für
den Weiterflug anzufressen. Durch den Vogelzug erhält das
vergleichsweise kleine Wattenmeer weltweite Bedeutung.

Das Wattenmeer als „Dreh-
scheibe" zwischen Meer und
Land: Der hohe Eintrag von
organischen Schwebeteilchen
wie Algenzellen und Kleinkrebsen, die bei Flut herbeigeschwemmt werden, ist einer der
Hauptgründe für die hohe Pro-
duktion von Biomasse im
Wattenmeer. Dieses optimale
Nahrungsangebot bedingt die
überregionale Bedeutung des
Wattenmeeres für Fische und
Vögel aus einem riesigen Ein-
zugsgebiet.

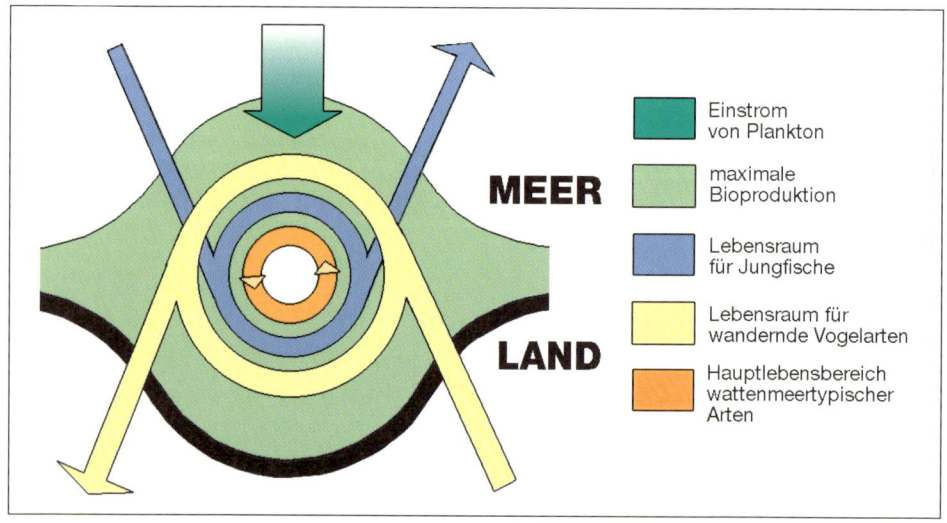

MEER

LAND

Einstrom
von Plankton

maximale
Bioproduktion

Lebensraum
für Jungfische

Lebensraum für
wandernde Vogelarten

Hauptlebensbereich
wattenmeertypischer
Arten

Bei Ebbe kommen die Vögel:
fressende Knutts im Watt

Ganz extrem zeigt dies die Küstenseeschwalbe. Ihre Jahresflugroute führt sie – immer dem Sommer hinterher – fast um die ganze Welt: Über Afrika bis in die Antarktis, wieder nordwärts über Amerika nach Grönland und schließlich zurück an die Wattenküste der Nordsee. Dort trifft sie im April ein, um in den Dünen und Salzwiesen zu brüten und in den Prielen nach kleinen Fischen zu tauchen.

Bei Flut wandern viele Nordseefische aus den Prielen und breiten sich auf den nahrungsreichen Sand- und Schlickwatten aus. Schollen, Seezungen, Heringe und Sprotten lassen hier, ebenso wie die als „Krabben" bekannten Nordseegarnelen, ihren Nachwuchs aufpäppeln. Die Miniaturausgaben der Plattfische und Nordseegarnelen bleiben auch bei ablaufendem Wasser in kleinen Pfützen und flachen Prielen im Watt zurück. In diesen sonnenwarmen Brutbecken wachsen sie schnell heran und sind außerdem vor größeren, im tiefen Wasser lauernden Räubern geschützt. So verbringen bis zu achtzig Prozent aller Nordseeschollen ihr erstes Lebensjahr im Wattenmeer, manche auch noch

Kommt bei Flut: Die Scholle braucht das Wattenmeer als „Kinderstube" für ihren Nachwuchs.

ein weiteres. Mit Vorliebe fressen sie Pierwürmer. Doch meist erwischen sie nur das Hinterende, wenn der Wurm aus seinem Bau emporsteigt, um einen Kotkringel abzugeben. Wird ihr Schwanzstück abgebissen, regenerieren die Pierwürmer ein neues. Nur Anknabbern statt Aufessen – eher unfreiwillig praktizieren die Schollen eine zeitgemäß „nachhaltige Nutzung" ihrer Nahrungsressource.

Während die ausgewachsenen Schollen in die offene Nordsee abwandern, bleiben Standfische wie Seeskorpione, Butterfische, Strandgrundeln und Aalmuttern ihr ganzes Leben lang in der Gezeitenzone. Damit ihre Brut nicht mit den Gezeitenströmen davontreibt und sich in der offenen Nordsee verliert, heften viele ihre Eier an Steinen, Brauntangen oder Seegras fest. Die Aalmutter geht ganz auf Nummer Sicher und behält ihren Nachwuchs solange im Mutterleib bis vollständig entwickelte, fast daumenlange Fische schlüpfen.

Mikroskopische Aufnahme einer bodenlebenden Kieselalge. (rechts oben)

Kieselalgen kriechen bei Ebbe ans Licht

Richtig glitschig wirkt der Wattboden, wenn ihn im Frühling ein brauner Rasen aus unzähligen Kieselalgen überzieht. Jede Algenzelle steckt in einer winzigen Schachtel aus Kieselsäure und produziert Schleim, der aus einem Spalt her-

Kieselalgen bilden Luftblasen am Wattboden: Mit Hilfe von Pigmenten fangen die Algen Sonnenlicht ein und nutzen die Energie zum Aufbau von Zuckermolekülen aus Kohlendioxid und Wasser. Als „Abfallprodukt" der Photosynthese entsteht Sauerstoff, der an sonnigen Tagen von den Kieselalgen am Wattboden in so großen Mengen gebildet wird, daß kleine Sauerstoffbläschen auf dem Sediment sichtbar werden. (rechts unten)

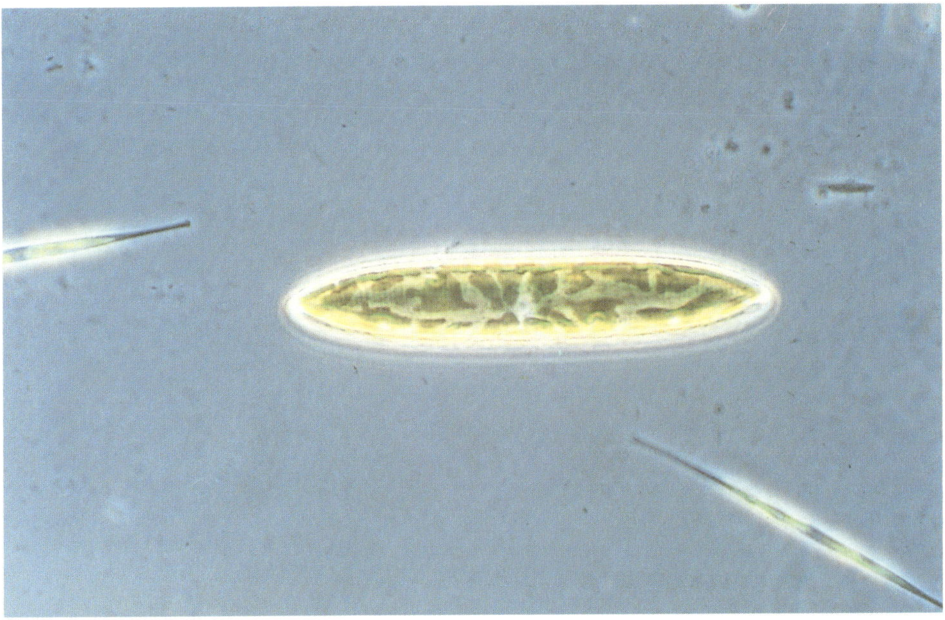

vortritt und eine Gleitfläche bildet, auf der die Zellen um-
herkriechen können. Nicht weit, nur wenige Millimeter ab-
wärts in den Boden und wieder hinauf ans Licht. Gesteuert
wird das Auf und Ab von zwei inneren Uhren: Die „Mond-
uhr" sorgt dafür, daß die Kieselalgen nur bei Ebbe an der
Wattoberfläche erscheinen und sich vor dem auflaufenden
Wasser ins Sediment verkriechen, um nicht davongespült
zu werden. Die innere „Sonnenuhr" sorgt zusätzlich dafür,
daß sie nur tagsüber bei Niedrigwasser nach oben wandern, um optimalen Lichtgenuß für die Photosynthese zu
bekommen.

Durch ihre starke Schleimausscheidung leisten die Kieselalgen ganz nebenbei auch noch einen Beitrag zum Küstenschutz: Sie binden und stabilisieren das Sediment und
wirken so der Erosion des Wattbodens entgegen.

Strandschnecken beweiden den Algenrasen am Wattboden. Mit Hilfe ihrer Raspelzunge grasen sie alles ab, was unter ihren Kriechfuß kommt.

Wattschnecken „surfen" im Gezeitenstrom

In geradezu ungeheuren Mengen bevölkern Wattschnecken
Schlick, Sand und Seegraswiesen und beweiden die pro-
duktiven Kieselalgen. 10 000 Tiere auf einem Quadratmeter
sind keine Seltenheit – mancherorts wimmeln auf einem solchen Wattbodenquadrat gar 100 000 der unscheinbaren,
nur wenige Millimeter großen Schnecken. Bei einem Orts-
wechsel legen die Wattschnecken keineswegs immer ihr
sprichwörtliches Schneckentempo an den Tag. Statt dessen bauen sie sich ein Schleimfloß, an dem sie kopfunter
hängen und im Wasser driften – mit dem Flutstrom landwärts und im Ebbestrom seewärts. Verzehren sie ihr
Schleimband, sinken die Wattschnecken wieder zu Boden.
Bei Niedrigwasser graben sie sich einige Millimeter tief in
den Boden ein, der dann von winzigen Löchern übersät ist.

Statt Bodenständigkeit ist Beweglichkeit eine wichtige
Überlebensstrategie im gezeitenbewegten Wattenmeer.
Besonders die Jungtiere sind keineswegs so ortstreu wie
man früher annahm. Vor allem im Sommer driften junge
Wattschnecken aus den Siedlungen der Erwachsenen heraus, um neue Lebensräume zu erobern. So vermeiden sie
allzu großes Gedränge und Futtermangel und können
außerdem andernorts Verluste ausgleichen, die durch Weg-
fraß oder Bodenerosion entstanden sind. Wandernde Arten

Auch auf den Seegraswiesen im Wattenmeer weiden zahlreiche Schnecken. Sie halten den Be-lag von Kieselalgen kurz, der die Seegrasblätter überzieht. Davon profitiert das Seegras, das unter einer dicken Algen-schicht an Lichtmangel zugrunde gehen würde.

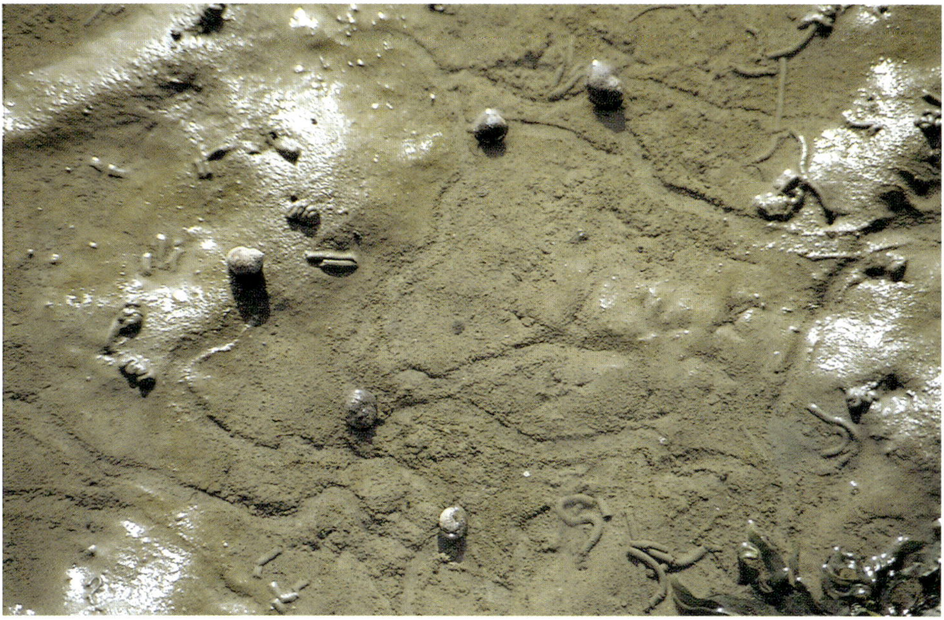

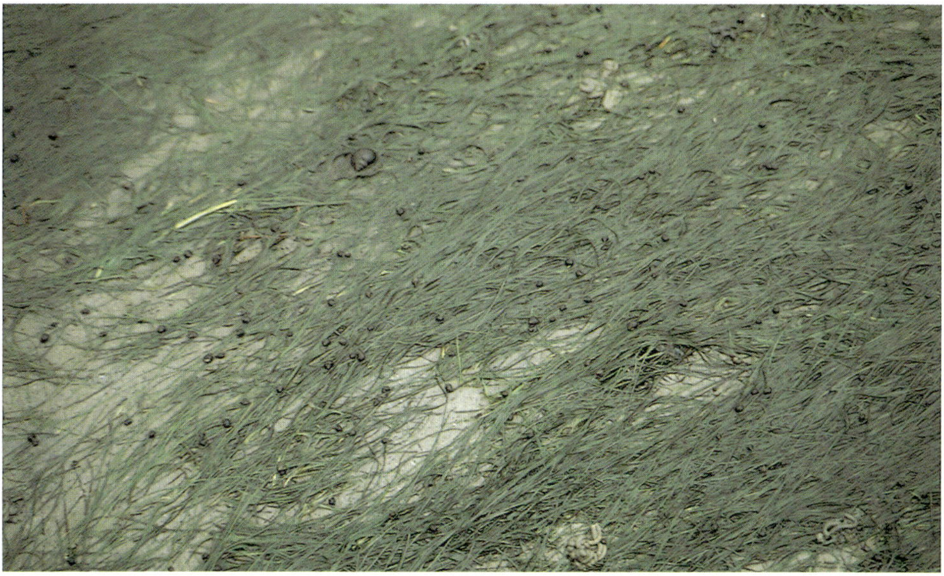

Nordseegarnelen – so sehen die Krabben ungepult aus.

suchen sich ihren Standort selbst und werden dadurch unabhängiger von ihrer Umwelt. Auch junge Plattmuscheln und Herzmuscheln können lange Schleimfäden bilden, an denen sie im Gezeitenstrom driften. Die Wanderrhythmen der Herzmuscheln werden von den Mondphasen gesteuert: Während der Springtiden, jeweils zwei bis drei Tage nach Voll- und Neumond, treiben bis zu hundertmal mehr kleine Herzmuscheln in der Wassersäule als bei Halbmond.

Krabben verziehen sich in die Priele

Die Nordseegarnelen bei einer Wattwanderung im Priel zu entdecken, ist gar nicht so leicht: Oft sitzen sie eingegraben da und schauen nur mit den Augen und Fühlern heraus. Kommt man ihnen zu nahe, klappen sie ruckartig ihren Schwanzfächer unter den Bauch und schießen rückwärts davon. So schnell, daß man sie kaum wahrnimmt, höchstens als Kribbeln an den Füßen. Nordseegarnelen nutzen

So kennt sie jeder: Im Brötchen verpackt sind die Krabben an fast jeder nordischen Imbißbude zu finden.

die auflaufende Flut, um bequem auf die Watten zu kommen, wo sie alles fressen, was sie kriegen können: Würmer, kleine Krebse, junge Muscheln und Schnecken, sogar die eigenen Artgenossen.

Wegen ihres massenhaften Vorkommens haben die Nordseegarnelen eine Schlüsselstellung im Ökosystem des Wattenmeeres. Schon im ersten Lebensjahr werden sie geschlechtsreif, und jedes Garnelenweibchen legt mehrmals im Jahr Tausende winziger Eier ab. Diesen Reichtum nutzen viele Küstenvögel, Fische und junge Seehunde, vor allem aber die Krabbenfischer. Gefischt wird in den Prielen und Rinnen des Wattenmeeres. Die Fangnetze werden von meterlangen Bäumen offen gehalten und auf Rollengeschirren über den Meeresboden geschleppt. Noch an Bord der Kutter wird der Beifang von den Speisegarnelen getrennt, die sogleich in einen Kessel kochenden Wassers wandern, damit sie nicht verderben. Krabben satt auf Toast oder Brötchen, mit Rührei oder als Omelette, als Cocktail oder in der Suppe – da schwärmen nicht nur Feinschmecker.

Doch manchmal gibt es für die Krabbenfischer im Wattenmeer kaum etwas zu fischen. Die Bestände der Nordseegarnelen und damit auch die Fangmengen schwanken stark. Im gesamten Wattenmeer wird kräftig nach Krabben gefischt. Trotz – und vor allem wohl wegen – des gestiegenen Fischereiaufwands gehen die Krabbenfänge allgemein zurück.

Miesmuscheln halten sich mit Superkleber

Während ihre Verwandten sich eingraben und durch lange Siphone den Kontakt zur Oberwelt herstellen, siedeln die Miesmuscheln auf der Wattoberfläche. Um nicht von den Gezeitenströmen fortgerissen zu werden, verankern sich die Muscheln mit Klebfäden. Diese werden in einer besonderen Drüse am Fuß produziert und an Steinen, Pfählen oder an den Schalen von Artgenossen festgeheftet. Daher bleibt eine Miesmuschel selten allein. Die jungen Muscheln bilden nach und nach lange Muschelgirlanden, die durch unzählige Klebfäden immer weiter versponnen werden, so daß schließlich eine große Miesmuschelbank entsteht.

Wattwanderung zu den Miesmuschelbänken. Oft sind die Bänke dicht mit einer großen Braunalge, dem Blasentang, überwachsen, der sich von den Klebfäden der Miesmuscheln festspinnen läßt.

Unter Wasser öffnen die Miesmuscheln ihre Schalenklappen und beginnen zu filtrieren.

Wie gut der biologische Kraftkleber zusammenhält, zeigt der Versuch, eine einzelne Miesmuschel von einer Bank aufzusammeln. Meist hängt an ihr nicht nur ein ganzer Muschelklumpen, sondern auch leere Schalenklappen, Schneckengehäuse und Algenbüschel. Daher verzichtet die Wattenmeer-Variante des Blasentangs auf eine eigene Haftscheibe und läßt sich ausschließlich von den Miesmuscheln festspinnen. Festen Halt im weichen Schlick bietet eine Muschelbank auch Seepocken, Pantoffel- und Strandschnecken, Seeanemonen, kleinen Polypenstöcken sowie Unmengen von Flohkrebsen.

Bei Flut leitet die Miesmuschel einen ständigen Wasserstrom durch ihren Mantelraum und filtert Planktonalgen und andere Schwebstoffe als Nahrung heraus. Die Filtrierleistung ist enorm: 10 bis 20 Liter Meerwasser strömen täglich durch die Kiemen einer einzigen Miesmuschel. Im Schnitt bevölkern 2000 Tiere auf- und nebeneinander einen Quadratmeter Muschelbank und liefern eine Filterleistung bis zu 40 000 Litern pro Quadratmeter und Tag. Diese Zah-

Ein Seestern hat sich auf eine Miesmuschel gesetzt, um sie zu verspeisen. Mit seinen zahlreichen Saugfüßchen an den fünf kräftigen Armen heftet er sich an die Schalenklappen der Muschel und zieht sie langsam auseinander. Hat er sie erfolgreich geöffnet, stülpt er seinen Magen ins Innere der Muschel, um die Weichteile zu verdauen. Von diesen Attacken verschont bleiben die Muschelbänke in der Gezeitenzone, weil die gefräßigen Seesterne nur in ständig wasserbedeckten Bereichen vorkommen und die dortigen Miesmuscheln angreifen.

len zeigen, wie groß der Einfluß der Miesmuscheln auf die einzelligen Planktonalgen ist, die mit jeder Flut aus der Nordsee ins Wattenmeer geschwemmt werden. Doch Miesmuscheln schlucken die Algenzellen nicht nur weg, sondern sorgen durch ihren schnellen Stoffumsatz auch dafür, daß diese kräftig nachwachsen. Denn wo viel gefressen wird, wird auch viel verdaut und die Ausscheidungen der Miesmuscheln enthalten wichtige Nährsalze wie Ammonium und Phosphat, die das Algenwachstum ankurbeln.

Sobald jedoch das Wasser abläuft, sind die „Filterpumpen" des Wattenmeeres stillgelegt. Die Miesmuscheln klappen ihre Schalen fest zu und stellen ihren Stoffwechsel auf Sparflamme. Die Zahl der Herzschläge sinkt, die Muscheln ruhen in einer Art „Ebbeschlaf", aus dem sie erst erwachen, wenn die Flut sie umspült. Um die Zwangspausen bei Ebbe zu umgehen, legt man Miesmuschelkulturen nur auf ständig wasserbedeckten Flächen an. Dort wachsen die jungen Besatzmuscheln, die von den Wildbänken im Wattenmeer abgefischt werden, schnell auf eine marktfähige Größe von fünf Zentimetern heran und die begehrten Meeeresfrüchte können abgeerntet werden.

Sylter Austern aus Übersee

Sie ist wieder da: Die „Original Sylter Auster" läßt sich, wenngleich nur vereinzelt zwischen Miesmuscheln, wild im Wattenmeer bewundern. Doch ganz echt ist der Stammbaum der Schalentiere nicht, denn Austern waren schon zu Beginn des 19. Jahrhunderts so begehrt, daß die rund fünfzig Austernbänke vor Sylt hemmungslos abgefischt wurden. Der besonders strenge Winter von 1928/29 vernichtete die geschwächten Bestände vollständig, die heimische Auster starb aus, nur die leeren Schalenklappen liegen noch im Sand. Doch weil den Feinschmecker mehr der Geschmack als die rassenreine Herkunft seiner Vorspeise interessiert, werden seit Mitte der achtziger Jahre Jungtiere der aus Asien stammenden Pazifischen Auster importiert und im Wattenmeer bis zur Konsumgröße weiterkultiviert. Als „Sylter Royal" kommen sie in den Handel. Seit einigen Jahren siedeln die Nachfahren der pazifischen Einwanderer auch in den Sylter Miesmuschelbänken – der Pendelverkehr im Gezeitenstrom macht es möglich. Die Austernlarven treiben mit der Strömung aus den Kulturen heraus und siedeln sich andernorts auf festem Untergrund an.

Im Felswatt lebt man oberflächlich

Ein ganz eigener Lebensraum ist das Felswatt der Hochseeinsel Helgoland. Anders als in den weichen Schlick- und Sandwatten leben dort diejenigen, die gerne festen Boden unter sich haben. Besonders im Westen und Nordosten der Insel fallen große Brandungsterrassen im Wechsel der Gezeiten trocken. Eingraben und im Sand verschwinden gilt hier nicht: Wer sich nicht wie der Gemeine Felsbohrer, eine säureverspritzende Muschel, ein Schlupfloch bohren kann, muß an der harten Oberfläche bleiben. Um nicht von Gezeitenstrom und Wellenschlag davongespült zu werden, verwachsen Schwämme, Seeanemonen und Moostierchen fest mit ihrer Unterlage; Flohkrebse und Asselspinnen klammern sich mit ihren kräftigen Beinen an Algen fest und Strandschnecken drücken ihren großen Fuß fest an den Fels. Fädige, blättrige, büschelige Algen und derbe Tange verankern sich mit Haftscheiben oder kräftigen Haftkrallen.
Ganz oben in der Gezeitenzone, vom Hochwasser nur

Auf den Klippen von Helgoland stehend, blickt man bei Niedrigwasser auf das Felswatt vor der Insel. Im ufernahen Bereich siedeln die Grünalgen. Weiter unten ist der Fels vor allem von großen Brauntangen überwachsen.

Fast wie ein Tupfer moderner Kunst wirkt die Gestreifte Hörnchenschnecke. Sie lebt in den Algenwäldern im Helgoländer Felswatt. Weil ihr als Nacktschnecke das Gehäuse fehlt, flüchtet sich die Hörnchenschnecke zur Ebbezeit in kleine Priele und Gezeitentümpel – ein längeres Trockenfallen würde für sie den sicheren Tod bedeuten.

kurze Zeit überspült, erstreckt sich ein Band kleinwüchsiger Grünalgen. Nur wenige Meerestiere siedeln hier und ertragen das lange Trockenfallen wie die Rauhe Strandschnecke und die Meeres-Klippenassel. Weiter unten dominieren derbe Brauntange die Felslandschaft. Sie besitzen ungewöhnlich quellfähige Schleimstoffe, die Wasser auch bei viel Wind und Sonne nur zögernd abgeben. So fühlen sich etwa Blasen- und Sägetang auch gegen Ende der Ebbezeit immer noch feucht an. Anders die dünnen Lappen des Hauttangs: Sie entquellen völlig und liegen bei Niedrigwasser knistertrocken dar. Sobald jedoch die ersten Wasserspritzer der auflaufenden Flut zu spüren sind, erwacht der Hauttang fast augenblicklich zu neuem Leben.

Im Geflecht fädiger Algen und in den Wurzelkrallen großer Tange lebt die Mondsüchtige Gezeitenmücke. Ihren langen Namen erhielt die kleine Mücke wegen ihrer an die Springtiden gekoppelten Fortpflanzungsrhythmik: Im Sommer schlüpfen aus den verpuppten Larven alle Mücken gleichzeitig etwa zwei Tage nach Voll- oder Neumond in den abendlichen Stunden des Springniedrigwassers. Die Männchen umschwärmen und begatten die Weibchen, dann sterben sie. Die Weibchen legen vor ihrem Tod noch schnell ein röhrenförmiges Eigelege; die daraus schlüpfenden Larven fressen an dem umgebenden Algengeflecht. Eine derartig synchronisierte Fortpflanzung macht es den Mücken leichter, einen Geschlechtspartner zu finden.

Robben rasten bei Ebbe

Flossen hoch und Kopf raus, krumm wie eine Banane liegen die Seehunde im flachen Wasser, strecken sich der Sonne entgegen und warten bis die Sandbank endlich trockenfällt. Zum Rasten und Kräfte tanken bevorzugen sie die Sände am seeseitigen Rand des Wattenmeeres. Auch Seehunde leben daher nach der Tidenuhr, jagen bei Flut und rasten bei Ebbe. Zumindest im Sommer, denn als Saisongäste bevorzugen sie die warmen, sonnigen Monate für ihren Aufenthalt an der Küste. Im Herbst wandern sie ab Richtung offene Nordsee und verbringen dort den Winter.

Im Juni beginnen die Seehunde auf den trockengefallenen Sandbänken ihre Jungen zu werfen. Schon mit der nächsten Flut müssen die Neugeborenen ins kalte Wasser. Das kostet Energie, daher müssen die Jungtiere rasch Speck ansetzen. Einen Monat lang werden sie mit sehr fetthaltiger Milch gesäugt und können in dieser Zeit ihr Gewicht verdreifachen – wenn Mutter und Kind nicht durch Tiefflieger, Strandwanderer, Sportboote oder Ausflugsdampfer von der Sandbank vertrieben werden. Dann gibt es die nächste Milchmahlzeit erst wieder Stunden später beim nächsten Niedrigwasser. Allzu oft kann das kein Säugling verkraften. Außerdem drohen den jungen Seehunden vom vielen „Robben" bei der Flucht ins Wasser große Bauchwunden, die sich entzünden können und nicht mehr ausheilen.

Auch der Spätsommer ist eine empfindliche Phase für die Seehunde, denn die ausgewachsenen Tiere wechseln ihr Fell. Damit sie für das Haarwachstum erforderliches Vitamin D produzieren können, brauchen sie viel Sonne, also möglichst ungestörte, hochliegende Liegeplätze. Um die „Wappentiere des Wattenmeeres" zu erleben, ohne sie zu stören, gilt daher: Abstand halten und Fernglas mitnehmen. Auf den Seehundbänken räkeln sich heute wieder stattliche

Besonders viele Seehunde –
manchmal mehr als 500 – ver-
sammeln sich auf den Knobsän-
den westlich der Insel Amrum.

Robbenrudel in der Sonne. Nach dem großen Sterben von 1988 hat sich der Bestand wieder gut erholt. Ein Problem jedoch bleibt: Die Seehunde waren dem todbringenden Virus-Erreger auch deshalb so schutzlos ausgeliefert, weil das Immunsystem vieler Tiere durch Umweltgifte geschwächt war. Als „Endverbraucher" im Nahrungsnetz der Nordsee bekommen Robben die Meeresverschmutzung in geballter Form zu spüren.

Salzwiesen brauchen kein Salz

Salzwiesen liegen an der Grenze der Gezeitenwirkung und bilden den landseitigen Saum des Wattenmeeres. Nur bei Springtiden und Sturmfluten werden sie vom Meerwasser überflutet. Auf den Salzwiesen leben Spezialisten, die sich an das Meersalz im Wasser und im Boden angepaßt haben. Denn zuviel Salz ist für Pflanzen das reinste Gift – wie das als „Baumkiller" in Verruf geratene Streusalz auf unseren Straßen. Daher verdünnt der Queller das notgedrungen aufgenommene Salz in seinen wasserreichen Stämmchen. Strandastern werfen alte Blätter ab, in denen sich Salz angereichert hat und der Strandflieder bildet Salzdrüsen, die aktiv Salz abscheiden.

Je nach Höhenlage und damit der Zahl jährlicher Überflutungen bilden sich unterschiedliche Pflanzengemeinschaften. Noch im Einflußbereich der Gezeiten liegt das Quellerwatt. Über der Hochwasserlinie folgen die Andelzone und die etwas höhergelegene Rotschwingelzone. Neben Andelgras und Rotschwingel wachsen hier Stranddreizack, Meerstrand-Beifuß und Salzmelde, blühen Strandastern und Strandflieder. Jede Pflanzenart beherbergt im Durchschnitt zehn Arten wirbelloser Tiere – Insekten und Spinnen, die sich auf den Lebensraum Salzwiese spezialisiert haben. Außerdem rasten und brüten viele Vogelarten auf den Wattenmeer-Salzwiesen. Sie nutzen den Nahrungsreichtum auf den freifallenden Wattflächen und ziehen sich bei auflaufendem Wasser auf die Rastplätze im Vorland zurück.

Seit 1600 jedoch gingen durch die großen Eindeichungen weite Salzwiesenflächen auf dem Küstenvorland verloren. Heute ist der Vorlandsaum im Schnitt nur noch wenige hundert Meter breit, mancherorts sogar nur einige Meter. Der schmale Saum der verbliebenen Salzwiesen gehört zu den

Eine naturbelassene Salzwiese wie hier auf Wangerooge wird von Prielen durchschlängelt, die für die Entwässerung sorgen.

Blühende Salzwiesen wie auf der Insel Neuwerk entwickeln sich nur dort, wo weidende Schafe fehlen.

am meisten gefährdeten und zugleich empfindlichsten Lebensräumen in den Wattenmeer-Nationalparks. Trotz ihrer ökologischen Bedeutung galten die Salzwiesen früher vor allem als Mittel zum Zweck der Deichsicherung, denn sie bremsen bei Überflutung die Wucht der Nordseewellen ab. Lange Zeit glaubte man, die Salzwiesen müßten intensiv von Schafen beweidet werden, um ihre Schutzfunktion erfüllen zu können. Kurzgeschorener, artenarmer Salzrasen bestimmte das Bild des Deichvorlands. Heute werden die Salzwiesen in den Nationalparks nach und nach aus der Beweidung herausgenommen, um eine natürliche Entwicklung zu ermöglichen. So können Strandastern, Strandbeifuß und die Portulak-Keilmelde wieder größere Bestände ausbilden. Auch Blüten treiben und Samen bilden können sie erst, wenn ihre schmackhaften Triebe vor weidenden Schafen sicher sind. Wegbereitend dafür waren nicht zuletzt neue Forschungsergebnisse, nach denen das Kurzhalten der Salzpflanzen aus Küstenschutzgründen nicht erforderlich ist. Im Gegenteil: Eine höhere Vegetation hält mehr

Sediment zurück und läßt die Vorländer schneller aufwachsen. Nur auf den Deichen selbst müssen die Schafe auch weiterhin für eine kurze, widerstandsfähige Grasnarbe sorgen.

Nährstoffe überfluten das Wattenmeer

Früher hielt man das Wattenmeer für die Kläranlage der Nordsee, doch vor allem Salzwiesen und andere vegetationsreiche Überflutungsräume speichern in ihrer Pflanzenmasse dauerhaft Nährstoffe, die mit den Fluten herbeigeschwemmt werden, und diese Filter zwischen Land und Meer sind im heutigen Wattenmeer rar geworden. So kann auch die Belastung der Küstengewässer mit Pflanzennährstoffen aus Landwirtschaft, Industrie und Verkehr nicht abgepuffert werden. Zuviel des Guten hat böse Folgen: Fädige Grünalgen wuchern im Wattenmeer und überdecken den Boden wie Teppiche, unter denen das Leben erstickt. Die Brandung schlägt abgestorbene Massen von Kleinalgen zu Schaum, der sich am Strand auftürmt und Urlaubern das Badevergnügen vergällt. Und dann auch noch die „Schwarzfleckenkrankheit":

Im Sommer 1996 sahen Ökologen beim Überfliegen des niedersächsischen Wattenmeeres buchstäblich schwarz. Auf zehn bis zwanzig Prozent der Wattfläche war das helle Gelbgrau des Sandes einem dunklen bis schwarzen Untergrund gewichen, der stellenweise nach faulen Eiern stank. Die schwarzen Wattzonen erstreckten sich überwiegend zwischen dem Festland und den vorgelagerten Inseln zwischen Ems und Wesermündung. Zwar rätseln die Experten, warum ausgerechnet im niedersächsischen Bereich die lebensfeindlichen schwarzen Flecke den hellen Wattboden verdrängten. Einigkeit herrscht jedoch darüber, daß diese bisher noch nie in solchem Ausmaß beobachtete Verfärbung mit der Überdüngung der Nordsee zusammenhängt. Das hohe Nährstoffangebot insbesondere an Stickstoff führt zu vermehrtem Algenwachstum. Die Algen sterben irgendwann ab, werden von Strömung und Wellen unter den Sand gedrückt und fangen an zu verrotten. Dadurch wird der Sauerstoff knapp, es entsteht Methan und stinkender, giftiger Schwefelwasserstoff, der Würmern, Muscheln und Kleinkrebsen den Garaus macht.

Vereinzelt tauchen schwarze Flecken schon seit Jahren

Das Küstenwasser der Nordsee ist „überdüngt". Das Zuviel an Nährstoffen hat dramatische Folgen:

Grünalgen wuchern und bedecken in sonnigen Sommern mancherorts kilometerweit und fußhoch den Wattboden. (links oben)

Massenvermehrungen der „Schaumalge" *Phaeocystis* sorgen für Schaumberge an den Stränden, die Urlaubern das Badevergnügen vergällen. (links unten)

Schwarze, lebensfeindliche Flecken bilden sich am Wattboden. (rechts)

Faulendes Watt

Todeszone Wattenmeer

Wattenmeer: Riesige schwarze Flecken zeugen vom Sterben der einzigartigen Küstenlandschaft

„Die letzten Warnsignale"

Riesige schwarze Flecken breiten sich im Wattenmeer vor der deutschen Nordseeküste aus. Zu Beginn der Badesaison bahnt sich in der Region, Reiseziel für jährlich zehn Millionen Erholungsuchende, ein Desaster an. Tourismusmanager wiegeln ab, doch Biologen sind überzeugt: Das Watt droht an Nähr- und Schadstoffen zu ersticken.

am Wattboden auf. Denn fast überall im Watt liegt unter der dünnen, hellen Sandschicht, eine dicke, schwarze, sauerstoffarme Sedimentschicht. Diese kann beispielsweise durch stärkere Strömungen in den Prielen rasch freigelegt werden. Und nicht nur faulende Algen, auch abgestorbene Bodentiere verursachen stellenweise Schwarzfärbungen, die nach einigen Tagen verschwinden, aber auch monatelang anhalten können. Zu der besonders krassen Vermehrung der schwarzen Flecken im Sommer 1996 haben vermutlich mehrere Faktoren beigetragen: Der vorangegangene kalte Eiswinter ließ viel Biomasse im Wattboden absterben und anschließend bildete sich eine außergewöhnlich starke Blüte von Kieselalgen, die bald danach ebenfalls abstarben und stellenweise eine Ölschicht bildeten. Diese schirmte dann den Boden gegen Sauerstoffzufuhr von oben ab und ließ das Watt großflächig umkippen.

Landunter für das Wattenmeer?
– wenn steigende Fluten an der Substanz nagen

Nach den Prognosen der Meeres- und Klimaforscher werden in Zukunft weltweit die Wasserstände steigen; verursacht von der zunehmenden Erwärmung, die auf dem Anstieg von Kohlendioxid und anderen „Treibhausgasen" in der Atmosphäre beruht. Wenn sich die Meere ausdehnen, Gletscher und arktische Eismassen schmelzen, sind alle Küstenregionen gefährdet – nicht nur Bangladesh, wo sich bereits Überflutungskatastrophen häufen. Den Klimamodellen zufolge wird der Meeresspiegel in den kommenden Jahrzehnten um etwa einen halben Meter ansteigen, Sturmfluten werden häufiger und heftiger. Alle Gebiete, die weniger als zweieinhalb Meter über dem Meeresspiegel liegen, gelten als überflutungsgefährdet. Genaue Daten kann aber derzeit noch niemand liefern. Selbst die modernsten Großrechner sind nicht in der Lage, alle Daten so zu verarbeiten, daß verläßliche Prognosen für eine vergleichsweise kleine Region wie die Deutsche Küste möglich wären. Daß uns schon morgen das Wasser bis zum Halse steigt, ist jedoch nicht zu befürchten. Die Deiche gelten bis ins nächste Jahrtausend als weitgehend sicher.

In die Enge getrieben

Steigende Wasserstände sind zwar ein aktuelles, aber kein neues Problem. Seit dem Höhepunkt der letzten Eiszeit vor etwa 15 000 Jahren ließ die nacheiszeitliche Erwärmung die Fluten steigen, zeitweise dramatisch mit einer Tendenz von mehr als einem Meter pro Jahrhundert. Die Küstenlinie der Nordsee verschob sich von weit nördlich der Doggerbank bis in den heutigen Küstenraum. Ohne den allmählichen Meeresspiegelanstieg wäre auch das Wattenmeer nicht entstanden, hätte die Flut nicht Schicht für Schicht neuen Wattboden ablagern können. Traktierte die Nordsee die Küste mit mehr Wasser, so half sie ihr auch wieder mit verstärkter Sedimentzufuhr. So konnte das Wattenmeer über Jahrtausende seine Grundform bewahren – trotz aller Veränderlichkeit im kleinen. Doch während der tausendjährigen Geschichte des Deichbaus entstand eine starre Grenze, die das freie Wechselspiel zwischen Land und Meer beendete. Die Deiche schlossen immer mehr Sedimentationsgebiete ab, in denen sich vorher die Sturmfluten verlaufen konnten. Trotz steigender Wasserstände an der Nordseeküste gab es sogar Landgewinne, dank fortschreitender Deichbautechnik und der Bedeichung von Buchten.

Heute steht die Deichlinie fest, der Anstieg des Meeresspiegels auch. Was dazwischen liegt, kann eigentlich nur kleiner werden. Dazwischen liegen die Salzwiesen und im Gezeitenwechsel trockenfallende Sand- und Schlickwatten. Weil sie sich bei weiterhin steigenden Wasserständen nicht mehr landeinwärts verlagern können, müssen die Wattgebiete schrumpfen. Außerdem trägt eine verstärkte Überflutung auch eine größere Wellenenergie ins Wattenmeer hinein. Das bedeutet: Weniger Sedimentation, mehr Erosion, weniger Schlickwatten, mehr Abbrüche an Salzwiesen und Stränden und eine Vergrößerung der Wattstromrinnen. Nur in stömungsgeschützten Gebieten wic

Küstenlandschaft ohne Wattenmeer.

dem Jadebusen könnte die Sedimentation auf den Watten mit dem Meeresanstieg Schritt halten.

Aufbruch statt Untergang

Schwappt nun also die finale Todesflut über ein siechendes Ökosystem, das ohnehin in Ölabfällen, Umweltgiften, Nitrat, Phosphat und Massentourismus erstickt? – So schwarz wie die gleichfarbigen Flecken am Wattboden ist die Aussicht nicht. Noch ist das Wattenmeer eine unserer letzten großflächigen Naturlandschaften, für deren Erhalt heute viele Menschen eintreten. Immerhin ist die gesamte deutsche Wattenküste durch Nationalparks geschützt und ist außerdem international von der UNESCO als Biosphärenreservat anerkannt – mit der Verpflichtung, die natürlichen Ressourcen als Lebensgrundlage des Menschen zu erhalten.

Viele Worte, wenig Taten, das kritisieren viele Natur-

Sommerfreuden in St. Peter-
Ording: Einen Wattpriel zu
durchwaten, ist fast schon eine
Kneipp-Kur.

schutzorganisationen und auch der steigende Meeresspiegel läßt sich von Plädoyers nicht aufhalten. Gefragt sind
pragmatische Lösungen zu Fragen, wie der Schutz der Küstenbewohner und der Erhalt des Wattenmeeres ange-
sichts steigender Fluten gestaltet werden kann. Denkansätze dazu kommen aus der Wissenschaft: Während der
letzten Jahre haben Natur- und Gesellschaftswissenschaft-
ler verschiedener Fachrichtungen gemeinsam und intensiv
Ökosystemforschung im Wattenmeer betrieben. Eine der
„Fallstudien" konzentrierte sich auf die Wattenmeerbucht
zwischen den Inseln Sylt und Rømø:

Wattverluste zwischen Sylt und Rømø

Besonders im letzten Jahrhundert hat diese Wattenmeerbucht an Substanz verloren. Die Wattflächen sind kleiner
und die tiefen Gezeitenrinnen breiter geworden. An den
Salzwiesen herrscht der Abbruch vor und nur noch wenig

Mit Pferdestärken durchs Watt:
Kutschfahrt zur Insel Neuwerk.

Die „weiße Flotte": Ausflugs-
schiffe verbinden Inseln und
Halligen im Wattenmeer mit
dem Festland.

Seltene Gäste: Auch der Zirkus-
elefant genießt den Ausflug ins
Sylter Wattenmeer.

Schlick kommt in der Bucht zur Ablagerung. Heute strömt mehr Wasser mit Ebbe und Flut zwischen den Inseln hindurch als in früherer Zeit. Der Tidenhub hat in den letzten hundert Jahren um zwanzig Prozent zugenommen. Auch die Wirkung der Wellen ist stärker geworden. Dadurch gerät das Wasser mehr in Bewegung und verhindert die natürliche Verlandung.

Eine Ursache für die allmählichen Wattverluste vermuten die Wissenschaftler im Deichbau. Seit dem Mittelalter sind in der Sylt-Rømø-Wattenmeerbucht zweihundert Quadratkilometer eingedeicht worden, insbesondere in der weiten Tonderner Marsch. Der Vorschub der Küste drängte das Meer zurück. Bei Sturmfluten stauen sich daher die Wassermassen auf kleinerem Raum, starke Strömungen und Erosion sind die Folge. Es fehlen Überschwemmungsgebiete, wo sich Sturmfluten auslaufen und dabei die von ihnen aufgewirbelten Sinkstoffe wieder ablagern können.

Auch die Salzwiesen sind durch die Eindeichungen schmal geworden – sie binden in anderen Küstengebieten bedeutende Mengen an Sinkstoffen. Doch nicht nur das Wattenmeer zwischen Sylt und Rømø leidet unter Auszehrung, wie zeitgleiche Untersuchungen im niedersächsischen Wattenmeer belegen. Auch im Wattgebiet südlich der Insel Spiekeroog sind Strömungen und Wellen so stark, daß feiner Sand und winzige Schlickpartikel im Gegensatz zu früher nicht mehr abgelagert werden. Die ehemaligen Sedimentationsräume der einst sehr viel breiteren Watten verschwanden hinter der vorrückenden Deichlinie, reine Schlickwatten fehlen heute fast völlig. Bei steigendem Meeresspiegel kann sich dieser Prozeß verstärken, der Seegang zunehmen und immer gröbere Sedimente aufwirbeln.

Verlorene Überflutungs- und Sedimentationsgebiete wiederherstellen, lautet daher der Vorschlag der Forscher, um die nachteiligen Folgen für das ökologische System zu kompensieren. Konkretes Beispiel für die Sylt-Rømø-Wattenmeerbucht: Die beiden äußeren, erst Anfang der achtziger Jahre geschaffenen und unbewohnten Köge der Tonderner Marsch ließen sich durch leichtes Abflachen der Deichkronen zu Überlaufbecken bei Sturmfluten umgestalten. Aufgewirbelte Sedimente könnten sich dort ablagern, das Wasser würde nach und nach zurückfließen und daher weniger erodierend wirken. Die tief liegende Marschen ließen sich durch Sedimenteintrag vom Meer aus erhöhen und eine vielfältige Überschwemmungslandschaft schaffen. Mit Salzwiesen und Schilfröhricht würde ein Speicher für organische Substanz und Nährstoffe heranwachsen, ein natürlicher Filter gegenüber den umliegenden Acker- und Weideflächen. Solch eine Umwidmung der Marschenköge würde die landwirtschaftliche Nutzung in der Tonderner Marsch einschränken, aber dafür die Anziehungskraft als Erholungsgebiet steigern. Seen, Röhrichtgürtel, Weidengebüsch und Auwälder sind nicht nur für Vögel anziehend, sondern auch für erholungsuchende Urlauber. Immerhin ist der Fremdenverkehr das wichtigste wirtschaftliche Standbein vieler Küsten- und Inselgemeinden. Dagegen hat die Landwirtschaft in den letzten Jahrzehnten an Bedeutung verloren.

Die Denkansätze aus der Wissenschaft sind neu und umstritten, aber die Diskussion über Konzepte, die gleichzeitig ökonomische und ökologische Entwicklungen sowie den Sicherheitsbedarf der Küstenbewohner berücksichtigen, beginnt auch erst gerade. Wie der künftige Umgang mit dem Wattenmeer gestaltet werden soll, müssen alle Beteiligten gemeinsam entscheiden – die Einheimischen vor Ort zusammen mit den Verantwortlichen in Verwaltung und Politik. Weniger Diskussionen dürfte die Zielsetzung künftiger Konzepte entfachen: Das Prinzip der „nachhaltigen Nutzung" gilt seit dem Umweltgipfel von Rio als internationale Richtschnur für den Umgang mit natürlichen Ressourcen. Auch die Lebensräume im Wattenmeer gilt es nicht allein als Refugien für Bäumchenröhrenwurm, Alpenstrandläufer oder den Strandflieder-Rüsselkäfer zu erhalten, sondern auch für alle, die Wattspaziergang, Seeluftkur oder eine goldbraun gebratene Nordseescholle genießen wollen. Intakte Natur ist ein wichtiger Faktor für den „Standort Nordseeküste" beim Fremdenverkehr. Und Wattwandern ist beliebt, fast schon ein Volkssport – Entdecker tragen Muschelschalen und Schneckenhäuser heim, photographieren Vogelspuren und Wattwurmbauten. Gesundheitsbewußte inhalieren die staubfreie und jodhaltige Seeluft und laufen durch den Schlick wie durch eine Fangopackung. Einige finden den Klackermatsch zum Dreckigmachen prima, andere suchen am weiten Horizont der Wattenlandschaft den Blick für das Wesentliche. Schlamm ist sogar Stoff für Dichtung:

Unvollendete Ode auf den Schlamm ...

Die feinste Krume ergibt den besten Schlamm, den, der sich am besten gegen die Berührung durch die Füße zur Wehr setzt; wie auch gegen jede gestaltende Absicht. Den auch, der seinen Verächtern am lebhaftesten ins Gesicht spritzt.
Er selbst verwehrt den Zutritt in sein Innerstes, zwingt zu langen Umwegen, sogar zum Stelzen.
Nicht daß er vielleicht ungastlich oder eifersüchtig wäre; denn wenn er auch sonst keine Zuneigung hegt, so erweist er sich doch bei der geringsten Annäherung als anhänglich.
Schlamm, du Hund, der nach meinen Hosen schnappt und mir mit ungelegenem Schwung in die Augen springt!
Je älter er wird, desto hartnäckiger klebt er sich fest. Wenn man sein Reich betritt, läßt er einen nicht mehr los. In ihm stecken gleichsam verborgene Ringer, die am Boden liegen und einem nach den Beinen greifen; gleichsam eine dehnbare Falle; gleichsam Lassos.
Ach, wie er sich an einem festhält! Mehr als einem lieb ist, sagt ihr. Ich nicht. Mich rührt seine Anhänglichkeit, ich verzeihe ihm gern. Lieber gehe ich durch Schlamm als durch

Teilnahmslosigkeit, und lieber komme ich dreckig heim als so klug wie zuvor; als ob ich gar nicht da wäre für das Gebiet, das ich durchmesse...

(Francis Ponge)

Bildnachweis

Eskildsen, Kai: Abb. Seite 59

Gätje, Christiane: Abb. Seite 61 (oben)

Janke, Klaus: Abb. Seite 36 (unten), 57 (oben, unten), 60, 64, 67, 71, 76

Lackschewitz, Dagmar: Abb. Seite 56

Menzel, Stefan: Abb. Seite 16, 52, 53, 68, 78 (unten), 79

Raabe, Walter: Abb. Titel, Seite 2, 6, 9, 13, 22, 25, 26, 28, 29, 30, 33, 35, 45, 46, 49, 50, 51, 73, 75, 84, 85, 90

Reise, Karsten: Abb. Seite 61 (unten)

Wilhelmsen, Karlheinz: Abb. Seite 8, 36 (oben), 47, 54, 83, 89

Wilhelmsen, Ute: Abb. Seite 63 (oben, unten), 65, 66, 69, 70, 78 (oben), 82, 86

Seite 15: aus Wieland Küstenfibel S. 43

Seite 17: aus Kühn Deichbau S. 72

Seite 19: aus Kühn Deichbau S. 74

Seite 39: aus Kühn Deichbau S. 15

Seite 40 (oben), aus Kühn Deichbau S. 63

Seite 40 (unten): aus Kühn Deichbau S. 66

Seite 42: aus Kühn Deichbau S. 67

Seite 43: aus Wieland Küstenfibel, S. 64

Literaturnachweis

Kühn, Hans-Joachim: Die Anfänge des Deichbaus in Schleswig-Holstein, 1992, Verlag Boyens & Co.

Buchwald, Konrad: Nordsee – ein Lebensraum ohne Zukunft? 1991, Verlag Die Werkstatt

Ehlers, Jürgen: The Morphodynamics of the Wadden Sea, 1988, Balkema, Rotterdam

Kremo, Bruno/Janke, Klaus: Naturspaziergang am Meer, 1991, Kosmos Naturführer

HB Naturmagazin „draußen": Wattenmeer Nationalparks der Nordsee, 1986

Pott, Richard: Farbatlas Nordseeküste und Nordseeinseln, 1995, Ulmer Verlag

Wieland, Peter: Küstenfibel, 1990, Verlag Boyens & Co., Heide